管理随笔

7

赵振元 著

新华出版社

图书在版编目（CIP）数据

管理随笔 · 七卷 / 赵振元著. -- 北京：新华出版社，2022.12
ISBN 978-7-5166-6620-3

Ⅰ. ①管… Ⅱ. ①赵… Ⅲ. ①企业管理-文集 Ⅳ. ① F272-53

中国版本图书馆 CIP 数据核字（2022）第 233917 号

管理随笔

作　　者：赵振元	
责任编辑：林郁郁	封面设计：民泺影视
出版发行：新华出版社	
地　　址：北京石景山区京原路8号	邮　　编：100040
网　　址：http://www.xinhuapub.com	
经　　销：新华书店、新华出版社天猫旗舰店、京东旗舰店及各大网店	
购书热线：010-63077122	中国新闻书店购书热线：010-63072012
照　　排：普慧天下	
印　　刷：三河市君旺印务有限公司	
成品尺寸：165mmx230mm	
印　　张：30.25	字　　数：336千字
版　　次：2023年2月第一版	印　　次：2023年2月第一次印刷
书　　号：ISBN 978-7-5166-6620-3	
定　　价：178.00元（全两册）	

版权专有，侵权必究。如有质量问题，请与出版社联系调换：010-63077124

目录
contents

序：曾勇 / 管理路上无止境 1

江南水乡韵味美
——为赵振元、彭涛第二张音乐歌曲专集《樱花美》（江南风情专集）首发序 6

驰向蔚蓝的大海 9

绍兴一瞥 11

大潮汹涌 13

成长需要付出代价 15

又是一轮明月当空时 16

关注细分市场 19

创造新的历史 21

又是相逢时 22

青春的力量 24

太阳之光永远光耀人类
——为歌曲《太阳之光》首发而作 26

人生旅途永远精彩
——写在《人在旅途》首发之际 28

拨乱发正 31

国庆节的回忆 33

关键在于管理 35

计划赶不上变化 37

续写《康定情歌》的爱情故事 39

《我与我的父辈》观后 41

苹果公司调整中国供应商 43

长津湖战役 45

年轻干部要在艰苦环境中成长 48

狼性、诚信与善性 51

心无旁骛做实事 53

《樱花美》首发 55

自己亦是风景 56

人生永远在旅途 58

期待再到南湖 60

阜平，光荣与梦想之地 62

人间正道是沧桑 64

津门圆梦 66

不发展是最大的风险 68

必须坚持"市场的狼性、服务的诚信、做人的善性" 71

新能源，十年转型 73

努力做成事 76

中国发布碳达峰碳中和重磅文件 78

新能源的发展比想象的要快得多 80

记住这个光荣的日子 82

再突破前夜的集结
——2021年天津经营峰会 84

特斯拉市值冲破1万亿美元 86

山西综改区千亿光伏产业链 88

产业链在竞争中的作用 90

双碳经济时代已经来临 92

往事如烟 94

会展年年更兴旺 96

山西太原千亿级光伏产业链的形成 98

人说山西好风光 101

又是一个24小时 103

目标与计划 105

江南美 107

夜游荣巷 109

精神变物质 110

丹桂飘香的日子 112

落日余晖,是最美的晚霞 114

风云突变 116
在有效管控中赢得自由 118
远方的祝福 121
音乐声声歌常在 123
重任在肩，使命担当 126
学不了，拿不走，自己有 128
你方唱罢我登场 130
风雨交加的日子 132
时光匆匆 134
邯郸学步 136
天上有月 138
一脚踢开天地宽 140
过去我们为什么能够成功 142
爱德的 20 周年 145
从林鸣被评上中国工程院院士说起 148
思想突破，务实推进 150
关于如何进行歌词创作 152
今日小雪 155
战略方为大问题
——谈如何《筑梦》................................... 157
敢于变换新的赛道 159

香山叶正红	161
电子更强，新能源更快	164
迎着太阳东升	167
高股价的风险	169
增长是硬道理	171
办法总比问题多	173
清晨的礼物	176
咬定青山不放松	178
依靠不倦的创造力	180
最好的时期	183
关于功能区的建设	186
在调整中寻找新动力	188
紧紧抓住先发的优势	190
无法轻松	192
合肥的情结	194
关键是把自己的事做好	196
三星在美投170亿美元建芯片厂	197
液晶产业：激进还是固守	199
如何实现"电子更强，新能源更快"	201
高科技产业整合要放手去干	203
战略空白	205

坚持创造性转化、创新性发展 207

关注现金流 210

空谈误事 212

新闻的导向 213

分能散，集能合 214

融合，带来新的希望 216

一片冰心在玉壶
——代新年祝福 218

新年要有新气象 220

亏损，也是一种市场机会 222

伟人长睡
——周总理逝世46周年纪念专文 224

一夜之间 226

中国经济承压稳增长 229

美日拟对华打造"当代版巴统" 231

信仰，一起同行的亲密纽带 232

考验，在持续中 234

上市地位不是套利工具 236

后记：赵振元 / 在实践中发展管理理论
——《管理随笔》5、6、7、8出版后记 238

序

管理路上无止境

曾勇（电子科技大学校长）

　　读赵振元即将付梓的《管理随笔》五册至八册，让我想起亚里士多德说过的一句话："最终决定我们成为怎样一个人的，正是日复一日坚持的事情。然后你会发现，优秀不是一种行为，而是一种习惯。"这四卷作品，收录了他从 2021 年 1 月 10 日到 2022 年 4 月 22 日期间创作的管理随笔。这些随笔作品，既让我们反思一年多来发生的国际、国内大事，也让我们分享了他文学艺术创作的快乐与收获，以及他在企业高位发展中永不停歇的思考和时刻保持着的危机意识。正如他在后记《在实践中发展管理理论》中说的那样：

　　长期处在疫情压抑的背景下，要持续高位发展，每一步都面临严峻考验；在非常复杂的困难环境中坚持写作，对意志是个考量，不是一件容易的事，每一篇文章都是意志与心血的结晶。在高位发展，一半是海水，一半是火焰，海水随时会淹没你，火焰会随时吞并你，你来不得一丝的马虎，你必须要勇敢面对。高位发展就如同走钢丝一般，处在发展的风口浪尖上，充满挑战。

　　所有看似遥不可及的事，其实都是点滴的积累。"人寿几何，顽铁能炼成的精金，能有多少？但不同程度的锻炼，必有不同程度的成绩。"（杨绛）强者都是敢于也擅于立于潮头，与巨浪共舞之人，浪涛越激荡，他身体里的潜能就会被激发得越充分。赵振元是敢于也擅于搏击时代浪潮的勇敢者、强者，即使每一天都是"一半是海水，一半是火焰"，每一天都充满挑战。他坚定的信念、高远的眼界、宏大的格局、宽广的胸襟，使他始终能够从逆境中走出来，寻找到一条抵达成功的路径。

2022年，肆虐全球整整两年多的新冠肺炎疫情仍然没有消退迹象，俄乌战争的爆发，极端气候频发……外部环境更趋复杂严峻和不确定，经济下行的大环境，无论是对个人还是企业，都是不小的挑战。如何审时度势，变"危"为"机"，考验着每一个企业家。企业家个人的修养、底蕴、人格魅力、言行等，都会深刻影响和塑造他周围的核心团队。赵振元始终思考着、行动着、调整着，以适应这个充满巨变的时代。这部《管理随笔》就是他思考和行动的结果。

赵振元的随笔都是有感而发，长则两三千字，短则两三百字，形式不拘，十分自由。工作中的某个突发事件、冬奥会的某场比赛、社会的某个热点新闻，他都能总结、归纳出人生哲理、管理心得。他善于跳出常规思维模式去看待问题、思考问题，这其中的谋略和智慧，对企业管理有着极高的参考价值。企业家看得有多远，对未来行业业态形势的发展，以及产业链整体把握的程度，决定着企业的未来。

底线思维，是我们考虑一切问题的出发点。无论何时，无论何地，一切都要从最极端的情况出发，要有最坏的打算，作最全面的准备，这种底线思维永远是我们立于不败之地的基石。（《白银马

拉松赛事故令人痛心》）

管理学大师彼得·德鲁克在他的《管理实践》中指出："管理是一种实践，其本质不在于'知'而在于'行'，其验证不在于逻辑，而在于成果，其唯一权威就是成就。"最好的管理理论，来自于实践，来自于从现实操作层面提炼出的具有普遍意义的思维方法、做事方法。

管理无处不在，管理理念已经深入到赵振元工作生活的方方面面，一切都能与管理智慧融会贯通起来。他内心源流不竭的使命感和理想愿景，融会于字里行间。企业管理、文学创作和生活感悟叠加成就的这部《管理随笔》，说明赵振元已经将管理学上升到了艺术的高度。这些短小精悍、饱含管理智慧的随笔，既是管理实践的宝贵经验，更是人生智慧、哲学思维的反映。

管理路上无止境。随着"00后"逐渐走入职场，给企业管理者提出了不少新的课题。出生于千禧年代的年轻人，从小家庭富足，备受宠爱，他们行事洒脱，尚未经历社会的"毒打"，一言不合就炒老板。管理的对象变了，管理的方式方法也得随之变化。对于这代年轻人，管理者如何提升领导力，提高自己的管理艺术，就显得尤为重要。管理，说到底就是对人的管理，人是核心。最好的管理，应当是能够激发人的潜能，给人一个良好的成长空间，个体的力量汇聚成团队的力量，激励整个团队向着一个清晰的目标前进。

是为序！

2022.8.1

管理随笔 7

江南水乡韵味美
——为赵振元、彭涛第二张音乐歌曲专集《樱花美》（江南风情专集）首发序

江南，是我的故乡，是我儿时生活的地方。江南，气候宜人，物产丰富，生活富裕，山水美丽，名人辈出，是一片神奇的土地。

江南，小桥流水，河道纵横，花开四季，草长莺飞，拂堤杨柳，树木翠绿，湖光山色，山河壮丽，江山美如画，是一片美丽的土地。

江南，如诗如画，如歌似舞，诗人们曾在这里留下无数杰出诗篇，白居易的"日出江花红胜火，春来江水绿如蓝"，杜甫的"正是江南好风景，落花时节又逢君"等，把美丽的江南描绘得出神入化。江南，是一片充满诗情画意的地方。

江南，风清气正，锐意进取，各项事业蓬勃发展；无锡，产业强市，发展快速，始终走在发展的前面。在江南，在无锡，这片充满勃勃生机的土地上，跳动着新时代的脉搏，充满着青春的活力。江南，到处都有温暖的阳光。

作为一个江南人，我深爱着这片美丽的土地，我曾出版了散文集《江南的雨》，其中《江南的雨》这篇深受大家的喜爱，广为传颂，还制成了朗诵碟出版，以满足大家的需要；而另一本《江南的

水》专著也已完成，这本饱含我对山水江南深情的专著将以中外文的形式出版。

这次《樱花美》的碟子共收集了14首歌，这是继2021年6月6日赵振元、彭涛《心声》歌曲集（28首歌）首发后，我与彭涛老师联合出版的第二张音乐歌曲碟子。在这张《樱花美》新碟中，收录了《心声》中部分歌曲，如《无锡美》《宜兴美》《秋色》《美丽蠡湖》4首，但更多的是推出的10首新歌曲，值此第十三届中国（无锡）国际新能源大会暨展览会与碳中和文艺晚会召开之际，出版首发，作为献给锦绣江南、献给美丽无锡、献给大会与晚会的特别礼物。

在这些有着浓郁江南风情的歌曲中，著名作曲家彭涛老师再一次展示了他杰出的音乐天赋，为我们打开了一个全新风格的江南音乐风情；而著名女中音歌唱家钟丽燕老师以及陈恩跃、黄华、杜疆、刘梦梅、林霞、刘怡、代涛、缪丹、阿力、田磊、张鑫、沈珂、刘宸铭等歌唱家的精彩演唱，张小平、郭进飞、李在成、晓辉、荣明、《乐涛风潮》等创作团队的精心制作，这些制作进一步丰富了这些歌曲的风格与内容，歌曲的成功是团队集体努力的结晶。

2021年6月6日，是个快乐而难忘的日子，赵振元、彭涛音乐歌曲《心声》碟子首发的成功，至今给我们留下了无限美好而快乐的回忆。如今，我们在美丽的无锡再次相约，推出这些有质量、高品位的江南新歌，这是我与彭涛老师再次合作的新成果，我们感到同样兴奋，我们会携手努力再创新。

让我们徜徉在美妙的江南风情中，让我们沉浸在风景如画的江南山水里,让我们在动人的歌声中,从江南再出发。再出发,朝霞满天。

2021 年 9 月 12 日

驰向蔚蓝的大海

市场经济是五彩缤纷的海洋，有红海，有蓝海，还有多彩的组合，市场经济是多彩的世界。

市场经济是喧闹的空间，有人欢喜有人愁，有人开怀有人悲，这就是市场经济的残酷性，也是市场经济的。

红海，是竞争激烈、高度市场化的领域。技术门槛低，竞争对手多，发展空间小，价格战成为常态。红海，也是最广阔，最常态化的市场，是人们赖以生存的市场。

在红海中生存，对技术与创新能力是个挑战，对生存能力是个考验，对战略能力是个检验。必须学会在红海里生存，要在红海里站稳脚跟，赢得向蓝海转型的时间与空间，积累驰向蓝海的经验、基础与资本。

蓝海，竞争相对不激烈，市场门槛较高，发展空间较大，价格不是决定胜负的主要因素。蓝海，有着广阔的发展空间，是新的、充满活力、充满生命力的大市场。

根据市场发展的规律，蓝海总是短暂的、过渡性的，任何蓝海最终都会变成红海；而红海总是长久的、稳定的，只要市场在继续，红、蓝海之间的转换就不会停止。在红海的航行里发现蓝海，在蓝海的发展中逐步形成红海，循环往复，以至无穷，这就是市场经济的规律，这就是市场经济的魅力。

在红海里搏击，在蓝海里畅游；在红海里生存，在蓝海里发展；在红海里坚持，在蓝海里快进；在红海里锻炼，在蓝海里享受，这就是我们正确的方针。

驰向蔚蓝的大海，那是新的赛道。新赛道充满希望，到处是明媚的阳光；新赛道上亮点多，到处是新的机会；新赛道上气象多，万千风光，勃勃生机，无限动力。

驶向蔚蓝的大海，那是光明的大道。走路走大道，大道上阳光照，阳光明媚精神爽；走路走大道，大道上人气旺，人气凝聚成大事；走路走大道，大道上气象新，万千气象蓬勃生命；走路走大道，大道上朋友多，豺狼来了有猎枪；走路走大道，大道上真温暖，驱散冬日严寒；走路走大道，大道上路坦途，阴暗陷阱已去除；走路走大道，人间正道是苍桑，正道走天下。

驰向蔚蓝的大海，那是我们新的希望。增长的潜力，被茫茫红海淹没，新的希望也被滚滚红海吞噬，蔚蓝的大海在向我们招手，那是我们新的希望。

驰向蔚蓝的大海，那是新的战场。旧战场的拼抢依然激烈，市场依然红火，不见其衰，但新战场已经开辟，枪声已经打响，战斗已经开始。勇敢地驰向蔚蓝的大海，驶向广阔的新天地，驶向我们梦想的理想彼岸！

2021 年 9 月 15 日

绍兴一瞥

绍兴,是鲁迅的故乡,也是敬爱的周总理从小长大的地方,是江南典型的鱼米之乡,我们对这个地方充满着深深的憧憬与向往。

绍兴,名人辈出,人们怀念陆游在绍兴笔耕不辍,留下众多千古不朽的诗篇,其中的《钗头凤·红酥手》一词,节奏急促,声情凄紧,先后两次感叹,荡气回肠,凄婉动人,成为永远传世的佳作,是他与唐婉真挚爱情的写照。

钗头凤

[宋]陆游

红酥手,黄縢酒。满城春色宫墙柳。东风恶,欢情薄。一怀愁绪,几年离索。错,错,错!

春如旧,人空瘦。泪痕红浥鲛绡透。桃花落,闲池阁。山盟虽在,锦书难托。莫,莫,莫!

陆游对于唐婉的感情是真挚的,然而在孝的面前,陆游不得不选择了屈从,但是他却为唐婉留下了诗作,以此纪念他们两人之间的感情与誓言。而唐婉的诗同样充满真情。

钗头凤·世情薄

［宋］唐婉

世情薄，人情恶，雨送黄昏花易落。晓风干，泪痕残。欲笺心事，独语斜阑。难，难，难！

人成各，今非昨，病魂常似秋千索。角声寒，夜阑珊。怕人寻问，咽泪装欢。瞒，瞒，瞒！

如今，人们已从这些诗歌中走出，面对新时代的滚滚潮流，迎接绍兴的是集成电路产业在绍兴的辉煌。在马卫光书记的带领下，绍兴的集成电路产业破冰而动，坚持不懈，快速发展，成为国内成功的典范。

如今，绍兴中芯、绍兴长电、封测等企业在绍兴的快速发展，形成了绍兴完整的集成电路产业链，绍兴正成为地级市中全国为数不多的集成电路产业高地，为古老而闻名的江南水乡——绍兴增添新的风采。

巧的是，这三个重要项目都由十一科技设计与总包，由于工作原因，我多次来到绍兴推动项目，看到项目突飞猛进，为美丽的绍兴发展出力，而感到无限欣慰。

住在绍兴的贡帝·托斯卡纳城堡酒店，仿佛在莫干山旁的裸心谷酒店，这里群山怀抱，绿色清翠，充满异国风情。同样，也勾起我当年在莫干山与裸心谷的快乐回忆，这回忆是快乐的，也是难忘的。

祝愿你，绍兴，千年古城，焕发青春，再展鸿图；祝愿你，绍兴，新的活力城市，站在产业前头，勇立潮头，成为全国典范。

2021 年 9 月 16 日

大潮汹涌

这次来到绍兴，出席中芯集成全球供应商大会，感受到集成电路快速发展的趋势，感受到芯片的澎湃浪潮，正在猛烈冲击着传统市场，发出震撼人心的声音。

成立于2018年3月的绍兴中芯集成，只经历了40个月（包括一期建厂）就已经达到累计100万片的产能，在模拟芯片企业创出一片新的天地，成为这个行业令人瞩目的新锐。到2021年12月，中芯集成产能将达10万片／月，规模更大的二期（20万片／月）已经开工，第三期也开始规划。

见到了丁国兴董事长、赵奇总经理与中芯集成的其他领导，听取了赵奇总经理、张霞副总裁、严飞副总裁的专题报告，学到了很多，受到了振奋，使我对中芯集成的未来更加有信心了，备受鼓舞，感受到芯片不可阻挡的澎湃潮流。

这是一个庞大的新市场。新能源汽车、移动通信、双碳目标、人工智能等，对功率芯片的需求很大；消费、工业、汽车三大领域的应用并驾齐驱，市场广阔。

这是一个激增的新市场。以新能源汽车为例，现在已经达到20%的占比，这说明人们对新能源汽车的认同正在增长，新能源汽车的发展还会继续提速，其势头将锐不可当。新能源汽车的发展对芯片也有了更大的需求。传统汽车与新能源汽车相比，功率芯片的消费从只有 71 美元到 387 美元，增长了 5 倍多，可见新能源汽车对功率芯片的市场需求大幅提高。

　　这是一个代表未来的新市场。移动通信、新能源、人工智能、汽车等，都代表未来的方向，是未来的主流市场，谁拥有这些市场，谁就站到了制高点，谁就拥有了未来，谁就能拥有持续增长的动能。

　　抓住机会，抢占市场，抢占制高点，尽快形成规模，在新的领域开辟出新的市场，这是当前的关键。

　　美丽的风景，光明的前途，属于那些在崎岖小路上不懈攀登的人，属于那些看准方向一往无前的人，属于那些抓住机会毫不放松的人。

　　芯片潮汹涌澎湃，反映的是国内外市场的发展趋势，如大海波涛汹涌，势不可当。

　　芯片潮汹涌澎湃，反映的是人们向往更加美好的高质量生活，而这高质量生活必须是可持续的，这是永远不会改变的方向。

　　芯片潮汹涌澎湃，持续的技术创新能满足人们日益增长的需求，而我们在技术上的差距也会逐步缩小，最终也会站到前列，这不需要有任何的怀疑。

2021 年 9 月 17 日

成长需要付出代价

成长需要付出代价，如果这个代价能换来宝贵的经验教训，能换来刻骨铭心的痛心，能换来再出发的智慧，能换来再决战的勇气，那么这个代价就会转换成财富，转换成成长的动力，转换成未来的胜利。

胜利，都需要付出代价。胜利，都来之不易，珍惜我们的胜利，珍惜我们来之不易的成果，珍惜现在拥有的一切。

成长，总是一个过程。这个过程要经历百转千回，要经历血与火的考验，要经历艰苦卓绝的历练，才能成长。

百炼，才能成钢。钢铁就是这样炼成的，一次又一次，反复锤，反复炼，炉火纯青，终成钢铁；百炼，才能坚强，才能勇敢面对一切；百炼，才能成就智慧，才能在关键时刻大智大勇，才能在临门一脚果断坚决。

临危决断需要大智，拼死相守需要大勇。这大智慧在实践中积累，这大勇敢靠忠诚铸就。

不经历风雨，怎么见彩虹，没有人能随随便便成功。在风雨中历练，在风雨后去见美丽彩虹。

2021年9月18日

又是一轮明月当空时

中秋节到了，记得去年中秋是在莫干山过的，那个中秋节正好与"十一"国庆同为一天，称为"双节"。去年中秋节夜晚，明月当空，星星闪耀，莫干山脉夜色美丽无比，我们在那里度过了快乐的时光。转眼今天又到了中秋，我们在黄山过节，又见一轮明月当空，群星璀璨，今年中秋同样快乐。

明月当空，举杯畅饮。这时想起了李白的诗句：

> 月下独酌四首·其一
> ［唐］李白
> 花间一壶酒，独酌无相亲。
> 举杯邀明月，对影成三人。
> 月既不解饮，影徒随我身。
> 暂伴月将影，行乐须及春。
> 我歌月徘徊，我舞影零乱。
> 醒时相交欢，醉后各分散。
> 永结无情游，相期邈云汉。

畅饮时，万语千言，共度快乐时光；步入室外时，忽见明月当空,星星点点,灿烂星空,如同梦幻,真有种"众里寻他千百度 蓦然回首 那人却在 灯火阑珊处"的感觉,充满突然的惊喜,这是个难忘的夜晚。

明月当空,思念故乡。明月当空,想念曾经与妈妈、与家人共度中秋的日子,这时耳边又响起苏轼的诗篇:

水 调 歌 头

[宋]苏轼

明月几时有?把酒问青天。

不知天上宫阙,今夕是何年。

我欲乘风归去,又恐琼楼玉宇,高处不胜寒。

起舞弄清影,何似在人间?

转朱阁,低绮户,照无眠。

不应有恨,何事长向别时圆?

人有悲欢离合,月有阴晴圆缺,此事古难全。

但愿人长久,千里共婵娟。

时光穿梭,一切都将成为过去,一年又一年,人们不断在经历各种考验,岁月教会你如何生活,如何拼搏,如何抓住机会,如何在复杂的环境中生存、发展。

时光穿梭,一切都在书写新的历史。每一天都有烦恼,每一天又都是精彩;在烦恼与精彩中书写新的历史,在曲折与坎坷中奋力拼搏,拼出一个更新的世界。

时光穿梭,一切都是过眼烟云。唯有丰碑永耀,唯有思想长在，唯有艺术永存，唯有诗歌长响，唯有友谊天长地久，唯有美好记忆永在心间。

2021 年 9 月 20 日

关注细分市场

要注意宏观走向，把握宏观市场，同时又要关注细分市场，因为细分市场是宏观市场的组成部分，它直接决定与影响了宏观市场。

没有细分市场的持续走强，就没有宏观市场的繁荣；没有细分市场的足够份额，也就没有宏观市场的领先。

然而，要取得细分市场的足够份额，就必须制定细分市场的发展战略、策略与方法，必须研究细分市场的划分，必须确定一些战略重点，必须整合相关的资源，必须明确目标与方向。

细分，就是专业化。专业化，是竞争的基础；专业化，是创新的条件；专业化，是市场的方向；专业化，是发展的主流。

细分，就是市场的细化。市场是一个庞大的体系，任何企业、任何个人都只是这个体系中的一部分，要找准定位，要在市场中站稳脚跟。

细分，就是市场进一步分解。分解，是成功的关键，目标太大，没有聚焦，太分散，划也不容易成功。通过分解，把大目标进行细化，从而让聚焦成为可能。通过策划，把分散的资源集中起来，实现资源的有效整合，从而形成有效的竞争力。

细分，是成功的保证。通过细分，发现市场的方向；通过细分,明确行动的方向;通过细分,集中自身的优势,集中有限目标,可以大大提高成功率。

2021 年 9 月 22 日

创造新的历史

我们每天都在平凡中生活，我们每天也都在平凡中创造新的历史的机会。一次新的突想，一次偶遇，一次不经意的启发，一次机会的把握，一次观念的改变，一次决策的落定，或许都给我们带来新的机会，这机会改变着我们的人生，让我们书写新的历史。

创造新的历史，要有博大的情怀。要做大事，做成事，要做你的前人没有做过的事，要走前人没有走过的路，要布别人没有设过的局，要有海纳百川的胸怀，要有敢于超越的雄心，一句话：要有博大的情怀。

创造新的历史，要有大的格局。创新要有大的格局，格局的大小，决定着舞台的大小，而舞台的大小又决定着你事业的大小。

创造新的历史，要有新的角度。创新要有新角度，同样的问题，不同的角度会有不同的结论，要立体地、全方位地、多角度地研究问题，从而得出更加正确的结论。

创造新的历史，要敢于突破前人框框。我们需要继承前人的一切优秀成果，需要崇拜一些光耀史册的伟大先辈，但我们也不必完全停留在此，我们有责任书写新的历史。不同的时代需要不同的艺术，不同的时代环境结出不同的果实，我们需要根据时代发展的要求，敢于担当，勇于创新，创造出更多时代所需、能载入史册的新成果。

2021 年 9 月 22 日

又是相逢时

十一科技的领导们已经集中到成都，即将召开十一科技党政联席会，确定十一科技新的未来。

2021年是一个复杂的年份，一方面院各项指标创历史新高，另一方面又面临严峻挑战，其激烈程度超出以往，十一科技正面临新的考验。

市场就是战场。或许以后也永远如此，不会有平静日子，永远充满激烈的较量。市场不会平息，市场总是充满纷争，而竞争是市场的基本特性，以往的辉煌不代表未来的光明，一切在路上。

市场就是激励。或许平静的日子已经过去，习惯于市场的我们已经不以为奇，20多年来我们就是这样走来，就是这样在市场中逐渐强大。我们在竞争中由小变大，我们在市场中不断经历考验。

市场经济不同情弱者，市场经济让生活更加精彩，市场经济让强者更强，我们在风雨中成长。

夜幕降临，十一科技在各地的大厦都放射出夺目的光辉，为城市夜色增辉。这些大厦都在为这次会议鼓劲，这些大厦都在倾听着这次会议发出的号令，这些大厦都在开始准备新一轮的赛跑。

奋进吧，光荣的十一科技健儿，5000人组成的团队坚强无比，充满活力，健儿们将高举自主、合作、创新三面旗帜，发扬十一科技的精神，继续扬帆远航！

奋进吧，钱江潮水奔腾急，奋力一击搏巨浪。十一科技快步奔跑，这奔跑是时代的惯性，这奔跑是十一科技光荣品牌的荣耀，这奔跑是历史的责任。

2021年9月22日

青春的力量

7月29日，东京奥运会上，张雨霏80分钟内连夺两金，先是夺得东京奥运会女子200米蝶泳金牌，并创造了奥运会纪录。同日，张雨霏与队友杨浚瑄、汤慕涵、李冰洁一起，为中国队夺得女子4×200米自由泳接力金牌，并创造世界纪录，这引发网友一片惊呼。回到全运赛场，9月20日，张雨霏夺得第十四届全运会女子100米蝶泳金牌，在9月23日的比赛中，张雨霏再度"突破"了自己，还是这两个比赛项目，这次间隔的时间更短，张雨霏先是轻松摘得女子200米蝶泳金牌，随后又与奥运会搭档杨浚瑄、汤慕涵、李冰洁携手夺得女子4×200米自由泳接力冠军。

张雨霏的表现代表了中国泳坛上迅速崛起的新一代，代表着中国体坛刮起的青春的风，这些代表还有汤慕涵、李冰洁、杨浚瑄等。

青春的力量，是挡不住的胜利旋风。在东京奥运会上，张雨霏连得两金两银，创造中国泳坛历史。从东京奥运会归来，在如此短的时间内快速恢复，在第十四届全运会上再创佳绩，已经勇夺三金，再现王者风范。

青春的力量，是败不馁的意志。当我们还在东京奥运会为张雨霏在100米蝶泳中以极其微弱的优势与金牌擦肩而深深惋惜时，她却微笑走向下一个比赛，以明显优势勇夺东京奥运会 200 米蝶泳金牌，这让我们懂得了什么是真正的败不馁。

青春的力量，在于微笑对待一切。无论是失败时，还是获奖时；无论面对热心的观众，或是当上光耀的旗手时；无论在赛场上，还是在场下；无论是与国内选手，或者面对国外对手时；无论是对教练，或是对朋友，都充满亲切的微笑，都有阳光般的真情，都有一种无法阻挡的青春涌动。

青春的力量，在于永远蓬勃向前。第十四届全运会还在继续，赛事不会中止，体育还在发展，青春还在继续，一切都在继续，以张雨霏为代表的青春一代必将再奏凯歌，再创佳绩。她们的青春会继续放射出更加美丽的光芒，这光芒超越历史，这光芒照亮未来。

2021 年 9 月 24 日

太阳之光永远光耀人类
——为歌曲《太阳之光》首发而作

太阳，是一切生命的源泉；太阳，是我们最重要的动力与力量源泉；太阳，也是我们实现双碳目标最重要的基础。

没有太阳，就没有光明，世界就处在黑暗中，人类就无法生存；没有太阳，人类就没有温暖，严酷的寒冷同样会使我们无法生存。

没有太阳，就没有光伏发电，就无法解决传统能源的替代问题，气候的逐步转暖最终也将使人类无法在地球上生存。

因此，无论是遥远的远古，还是现代人的生活或是我们的未来，人类的生存发展一步也离不开太阳，太阳是人类最重要的朋友，是我们生命中最重要的源泉。太阳之光是最伟大的光芒，太阳之神是最神圣的。

太阳是我们人类从黑暗走向光明的灯塔，太阳是我们人类从现在走向未来的明灯。我们歌颂伟大的太阳，我们赞美神圣的太阳之光，这是我们实现双碳目标的最大希望。

因此，我创作了这首《太阳之光》的歌词，希望把神圣的《太阳之光》送往各地，鼓舞新能源战线的全体同人们奋发努力，担负起实现双碳目标的伟大而神圣的使命。

这首《太阳之光》由著名女青年歌唱家高楠谱曲并演唱，这样就赋予了《太阳之光》更多的青春活力，增加了更多的青春力量，增添了更多的青春风采，我相信这首《太阳之光》一定能唱遍四方，唱响全国，传播海外，优美的歌曲将在新能源战线广泛流传，动人的旋律将在祖国上空回荡，为实现双碳目标加油，为太阳之光呐喊。

2021 年 9 月 28 日

人生旅途永远精彩
——写在《人在旅途》首发之际

我与太太小平合著的《人在旅途》（上、下集精装本）在完成各项出版程序之后，"十一"后将由四川文艺出版社正式出版。

《人在旅途》（上、下集精装本）是我们继《行走在远方》《外面的世界》《一路风尘》后的第四、第五部游记，这些游记记录的是去年的一些旅游观感，而自 2020 年初以来，疫情始终是我们最大的挑战，能在疫情期间如期进行旅游并完成这些游记，必须得感谢我们伟大的祖国、感谢伟大的党，正是由于我国上下众志成城对疫情的严防死守，才有今天中国的明媚春天，国家祥和才有我们快乐的旅途，作为中国人幸福指数特别高！

写游记，我们是从 2018 年开始的。以前的旅游只留下零碎的几篇散文，留下的片片记忆也都随风而去，变得模糊不清了，唯独这些游记文章能唤醒我们的记忆，重温这些曾经的快乐而美好的时光。随着岁月的流逝，这些游记愈显珍贵。

写游记，是件辛苦的事，也是件快乐的事。辛苦，是因为在旅途中，时间有限，日程安排往往很紧，常常是车行千里，感到疲惫。旅途中往往还有另外的一些安排，要安下心来写游记，是件非常困难的事，也是一件不容易完成的任务。快乐，是因为当你把旅游过程中的所见所闻用一种新的视野写下来后，你就完成了一种认识上的升华，这些有质量的游记不仅保存了旅游的记忆，而且也成为别人旅游的新向导，受到大家的欢迎，因此是件快乐的事。

写游记，丰富了我们的知识。通过旅游与查阅资料，我们的知识面在不断扩大，旅游与写游记丰富扩大了我们的视野，也成为我们音乐创作的一个非常重要的来源。我们自己也正在逐步由游记撰写者成为"游记作家"，随着新游记的不断问世，"游记作家"的地位正在不断得到巩固与提升。

写游记，还会继续。在我们的《人在旅途》出版之际，我们第六本游记《我在远方等着你》已经脱稿，将进入新一轮的审编程序。同时，我们还会继续迈开我们的双腿，继续踏上新的旅途，继续写下我们的游记，因为我们视旅游为我们生命中必不可少的一部分，视旅游为工作与生活的调节，视旅游为新思想的来源，视旅游为再创作的源泉。

感谢中国作协副主席、著名作家何建明老师在百忙之中继续为我们的游记写序。我们的几本游记都是建明老师写的序，他精彩绝伦的序言是游记阅读入门的向导，他一年几部的大作是国内好书的风向标，因此建明老师的序言显得尤为珍贵。

感谢与我们一起同行的旅伴们，我们有很多不同的旅伴，时常聚又很快分手，有老朋也有新友，有同事也有素不相识者，我们都是旅途中的朋友，都是生命途中的陪伴者，感谢大家给我们旅途带来的快乐。我们俩喜欢和亲朋好友一起出去游玩，偶尔两人单独出游；我们喜欢热闹，三五为伴，会增添旅途无穷乐趣！

感谢四川文艺出版社的精心编审，保证了书的出版质量，感谢密月主编与编辑小组一如既往的精心策划与细致的编辑工作，使本书最终完美呈现。

让我们继续走，继续游，继续踏上新征程，继续挥笔写下精彩，写出美好河山，写出大美中国，写出灿烂世界。

2021年9月29日

拨乱发正

在企业快速发展过程中，时常需要不断进行调整。调整、纠正与改革一切不适应发展的方针、政策、制度与人事，拨乱反正，不断纠偏，使企业重新焕发青春与活力，继续前进在快速发展的健康轨道上，这些已成为成长过程中常态化的工作，调整永远在路上。

拨乱反正，趁势而为。调整，要应时而生、应势而为，要根据发展的实际需要进行调整。市场正在发生着日新月异的变化，周围的环境也在发生着深刻而快速的变化，如果不调整，就会面临被淘汰的可能。要根据形势充分利用有利的机会，趁势作出调整的决定。

拨乱反正，勇于纠错。对待自己的缺点与错误，要敢于面对、勇于解剖，要敢于直面自己的错误，要快速地在调整中予以纠正。对问题，不能采取避重就轻的态度，更不能讳疾忌医，必须要有纠正错误的勇气。

拨乱反正，要有底气。底气，就是实力；底气，就是影响力；底气，就是话语权；底气，就是信心；底气，就是坚持的力量。

拨乱反正，要有豪气。拨乱反正，要有一鼓作气正本清源的豪气，要有大刀阔斧的胆气，要有一往无前的志气，要有不怕任何困难的勇气，要有不达目的决不罢休的志气。

拨乱反正，实事求是。要根据实际情况决定调整的力度与节奏，能快就快，该慢就慢。一步到位最好，不能时，可分步、分阶段进行，不能盲目地蛮干。

拨乱反正，保持强度。有些问题根深蒂固，积累已久，非下大的决心不可，否则无法扭转局面。要有足够的强度，排除一切障碍，荡涤污秽，换来全新的发展格局。

拨乱反正，是门艺术。领导者根据主客观条件与环境的实际情况，要善于利用手中的资源，不断有效整合，不断调整自己的方向，使企业这艘航母穿激流、绕暗礁、避险滩，又快又稳地航行在波涛汹涌的市场经济大海之中，永远立于不败之地。

2021 年 9 月 30 日

国庆节的回忆

国庆,精彩继续。转眼又是国庆节到了,去年的国庆是在莫干山过的,那时正好喜逢国庆与中秋双节同日。莫干山美丽的夜晚月色给我们留下了太多的快乐与美好记忆,而昨天下午浦东的"旗更红、桂兴华、赵振元诗歌朗诵会"同样火热,因为线上线下有154万观众与我们共度庆祝国庆的美好时光,这是在线的力量,这就是网络的威力,作为共和国光荣的一员,能与大家一起为建国72周年献上一台正能量的大戏感到自豪而欣慰。感谢兴华老师、夫人丽雅老师、桂兴华诗歌中心、草根朗诵班子近几个月的筹备,感谢上海作协王伟书记一如既往的支持,感谢上海轻音乐团、主持人、导演、策划、全体演艺人员与新闻媒体的辛勤付出,感谢十一科技,感谢才志、明石积极参与筹备策划,感谢十一科技华东分院、上海分院、苏州分院的干部员工,感谢著名女青年歌唱家高楠的演出,感谢线上线下的热心观众。

国庆,艺术登高峰。国庆节,高楠在凌晨推出由我作词、由她作曲并演唱的新歌《太阳之光》,国内30多家知名音乐平台与媒体强势推出。这首歌目前是新能源最动听的歌曲,高楠创造性地将中英文合体,使人耳目一新,必将一曲唱响全国。在这之前高楠已经推出我作词、她作曲并演唱的《亲密爱人》,这首歌至今在百度搜索中仍然名列前茅，线上的传播面宽，受众面大。

国庆，再发新歌。节日期间，我与彭涛老师合作的《晚霞》、《父亲》将以 MV 的方式由国内著名音乐平台"乐涛风潮"推出，同时将配发著名音乐评论家刘铭老师的两篇专评。这两首无比优美的歌曲必将打动人们的心灵。我现在夜深时分最爱听的就是这两首让人着迷的音乐，我在旅途上听得最多的也是这两首。另外，还有《旅途》《夏日的风》《樱花美》《樱花年年开不败》《春来了》等新歌。听着自己作词的歌，听着彭涛老师美妙动人的音乐，听着歌手深情的演绎，内心无比快乐，旅途的疲惫一扫而光。

国庆，再踏新征程。去年国庆，从莫干山后到安吉余村，再到东北漠河，又从呼伦贝尔大草原、满州里回到成都，脑子里全是江南的美丽风景，全是东北、华北的壮美景色，全是秋天的美好记忆。今年国庆，我与太太将与友人们又出发，虽然只是近途的川西北，但也必定是快乐之旅，在国庆期间用旅途洗去烦恼，用快乐去掉忧愁，用思考赢得明天。

国庆，放眼国家日益强大与昌盛，而观十一科技也是欣欣向荣，在经历一系列拨乱反正后，十一科技正呈现出蒸蒸日上的兴旺局面，各地捷报频传，大家铆足劲儿，决定节后大干一番，让我们期待节后的精彩吧！

国庆快乐！

2021 年 10 月 1 日

关键在于管理

国庆自驾游外出，最大的问题就是堵车，有时候一堵就是数小时，耽误了宝贵的假日时间。长时间堵车，让人心情烦躁，路上这么多人被堵，给生活上带来诸多不便，原本旅游快乐的心情顿时大打折扣，计划好的行程也不得不一再作调整。

堵车的原因有很多：一是假日集中外出，人流蜂拥，交通流量比平时增加多倍，因此要设法实行交通流量总控制，同时鼓励错峰外出，错开堵车高峰；二是疫情期间各路关口的体温、健康码与行程码的检查也加剧了车辆的堵塞，因此要简化防、安全检查手续；三是假日期间路上车多，易发交通事故，一旦发生交通事故更加剧了车辆的拥堵，因此要对假日交通事故的处理采取简化措施；四是大型货车在假日期间照常上路，使原本拥挤不堪的道路更加拥挤了，因此应当规定在重大假日期间，大型货车一律不得上路。这些大型货车不仅加剧了道路的堵塞，而且也给自驾游车辆的安全带来严重威胁。

随着我国现代化建设的快速发展，我国的公路建设已发生了翻天覆地的变化，现代化公路网纵横交错、星罗棋布，公路建设日臻完善，要解决假日特别是重大假日的公路交通堵塞问题，硬件条件基本具备，关键在于管理，只有加强管理，才能更好地发挥现有公路网的作用，假日交通堵塞的问题才能逐步得到缓解。

交通管理的智能化是解决与加速交通管理的重要手段，是推动交通管理进步的有效手段。

2021 年 10 月 1 日

计划赶不上变化

计划是人们事先的安排，是人们主观的想法，但实际情况千变万化，计划总是赶不上变化，人们总是不得不一再调整计划。

如假日旅游，由于人流过分蜂拥，道路也时常出现塌方，突发的一些交通事故等原因，堵车是常事，严重堵塞常有发生，而且一堵往往就是几个小时，原本计划一天能游 2～3 个景点，但实际上一天只能游一个点，而且往往还在夜晚时分才能到达住地。

计划赶不上变化，要对计划进行及时调整。外部环境已经发生重大变化，内部的努力已无法达到原有的预期的目标，如不调整计划，计划则成为一纸空文，变得毫无价值，不及时调整，继续固守计划，会在错误的道路上越滑越远。

计划赶不上变化，要有管用的应对措施。方向不对时，调整方向；路径不对时，改变路径；方法不对时，改变方式；机会来临时，抓住新机会，果断抛弃原有不合时宜的计划或想法。

计划赶不上变化，别把计划看得太重。"凡事预则立，不预则废"，制订计划是必要的，因为计划是行动的方向，但不要把计划看得太重，因为变化总是更加主动、更加积极、更加快捷、更加不以人的意志为转移，因此我们只能把计划看作大致的方向，而把对计划的调整视作计划的生命。

计划赶不上变化，重在务实创新。在实践中探索新的道路，在实践中开辟更好的发展路线，在实践中把计划变成美好的蓝图，在实践中把握使计划更加精彩的机会，在实践中丰富完善计划的内容，在实践中创新更具生命力的计划。

2021年10月4日

续写《康定情歌》的爱情故事

由李依若依据他自己的爱情故事而创作、江定仙编曲的《康定情歌》（原名：跑马溜溜的山），是一曲非常流行的原西康地区的民族歌曲，也是我们在卡拉OK时常唱的必选歌曲之一。《康定情歌》这首歌创作于20世纪40年代，至今已有70多年了，歌声已经飞扬了我们几代人了，这歌声让我们曾经度过快乐的时光。

今天我们来到康定，来到了《康定情歌》的诞生地，这时《康定情歌》的优美旋律再一次在我们耳边响起：

跑马溜溜的山上，一朵溜溜的云哟。
端端溜溜的照在，康定溜溜的城哟。
月亮～弯～弯～，康定溜溜的城哟。
李家溜溜的大姐，人才溜溜的好哟。
张家溜溜的大哥，看上溜溜的她哟。
月亮～弯～弯～，看上溜溜的她哟。
一来溜溜地看上，人才溜溜地好哟。
二来溜溜地看上，会当溜溜的家哟。
月亮～弯～弯～，会当溜溜的家哟。
世间溜溜的女子，任我溜溜地爱哟。
世间溜溜的男子，任你溜溜地求哟。

月亮～弯～弯～，任你溜溜地求哟。

　　对于《康定情歌》的真正作者曾经有过争论，这争论到现在也没有停止，但《康定情歌》的爱情故事仍然有难以阻挡的魅力，受到大家的喜爱，真是经典永流传。

　　《康定情歌》的爱情故事，如今真正有条件更多地实现。《康定情歌》诞生于解放前，那时的康定是极其落后的，生活极其贫困，建立在这种基础上的爱情故事更多地只是美好的传说，无法真正实现。今天的康定，与伟大的祖国一起发展，康定强大、富裕而美丽，人们生活充满幸福感，青山绿水就是金山银山的理念得到全面贯彻，游人如织，车流如潮，康定大地锦绣如画，欣欣向荣，在这伟大而幸福的时代，一定会产生更多动人的爱情故事，也一定能产生更好、更多的《康定情歌》。

　　站在海拔 4298 米的折多山顶上向远处眺望，康定美丽景色尽收眼底，绵延起伏的山脉，美丽如画的草原风光，遍地的牛羊，红色的岩石，节日期间蜂拥而至的全国游客，构成一幅更加动人的《康定情歌》。折多山上《康定情歌》四个醒目大字映入人们的眼帘，这在告诉人们，《康定情歌》的美好爱情故事正在这里延续与扩大，《康定情歌》的优美旋律将永久回荡在这广袤的大地上。

2021 年 10 月 4 日

《我与我的父辈》观后

今天晚上与太太一起看了《我与我的父辈》，片名似乎还不怎么吸引人，但随着影片的放映，逐渐被电影的情节所打动。

《我与我的父辈》，该片由《乘风》《诗》《鸭先知》《少年行》四个单元组成，以革命、建设、改革开放和新时代为历史坐标，通过"家与国"的视角描写几代父辈的奋斗经历，讲述中国人的血脉相连和精神传承，再现中国人努力拼搏的时代记忆。这四个独立的单元分别由吴京、章子怡、徐峥、沈腾导演并出任其中的主演。

第一个单元《乘风》

影片取材于抗日战争时期一支战功卓著的铁骑队伍——冀中骑兵团，他们为保护群众撤离，拼死抵抗日军，电影描绘了一组骑兵团与冀中人民共同抗击日寇侵略的军民群像。

第二个单元《诗》

以1969年我国研制长征一号火箭、发射首颗人造卫星为背景，以一个普通航天家庭为切入口，展现父母一辈艰苦奋斗、无私奉献的航天精神，以此向中国航天人致敬。

第三个单元《鸭先知》

取材于中国第一支电视广告诞生的背后故事。影片聚焦上海的弄堂生活，以此致敬改革浪潮中敢为人先的父母一辈。徐峥饰演的赵平洋和韩昊霖饰演的儿子"冬冬"一起成为这场创新浪潮的关键人物。

第四个单元《少年行》

机器人"邢一浩"肩负特别使命从 2050 年回到 2021 年，邂逅了怀揣科学梦想的少年小小，两人意外组成了一对临时父子。在机器人老爸的影响下，少年小小坚定地追求科学梦想，少年强则国强，伟大梦想、科技创新精神在这对"父子"间实现传承。

这四个影片单元都很有新意，其中最能打动人的还是章子怡导演的《诗》。《诗》讲述了老一代航天科学家在动荡而困难的年代为国家航天科技无私奋斗并为此而献身的动人故事，以及航天科学家的后代继承父母的事业、实现父母的遗愿，作为首批航天飞行员成功飞天登月，为国争光的动人事迹。这动人的事迹就是最光辉的诗篇。章子怡、黄轩、陈道明与小演员们都演得很精彩，深深地打动了观众的心。

2021 年 10 月 7 日

苹果公司调整中国供应商

今天的搜狐新闻报道：

"根据最新的消息显示，已经有34家中国供应商被苹果公司踢出了供应链，自此以后苹果公司将不再从这些企业中采购零部件。"一家企业的退出肯定会有另一家企业补上，这件事对苹果公司来说差别并不是很大，但苹果公司的这一决定将直接影响到34家国内供应商企业的未来发展。失去了苹果公司之后，它们将会失去大量的订单，企业或将渐渐衰落。

以国内著名镜头模组企业欧菲光为例，成为苹果公司的供应商之后，欧菲光生产的镜头模组出货量达到了全球第一，利润也大幅增长。好景不长，今年上半年欧菲光正式被苹果公司踢出供应链，此时苹果公司赋予的光环一下子烟消云散，利润直接暴跌90%。

央视正式发声：摆脱对苹果公司的依赖。通过欧菲光这件事让我们明白了，靠山山会倒，靠人人会跑，只有自己最可靠。国内供应商企业陷入了一个误区，认为靠上了苹果公司就高枕无忧了，殊不知一旦苹果公司离开，将会对这些企业的发展造成严重的影响。对此，央视也呼吁国产供应商企业，希望大家摆脱对苹果等国外企业的依赖，寻求更大的发展，不要将所有的希望压在苹果公司上。

其实，任何企业都要摆脱对单一产业、单一渠道、单一客户的过分依赖，因为过分依赖后，一旦市场出现大的波动，将会危及生存，就有可能一落千丈，无法保持平稳快速发展。

市场的多样化，客户群的多元化，产业链的丰富化，领域的广泛化，合作伙伴的众多，是适应市场多变的必要条件。

分散风险，就不能老在一个赛道上跑。原有的赛道，由于进入者的不断增多，会变得越来越拥挤，空间越来越小，为了生存发展，需要不断开辟新的赛道，不断寻找新的发展空间。

分散风险，就要发展新的赛道。新的赛道，充满希望，在那里竞争还不够充分，空间还比较大。新赛道上也充满风险，充满不确定性，除了勇气、胆略外，还需要智慧，同时是否存在机会也很重要。

2021 年 10 月 8 日

长津湖战役

长津湖战役是抗美援朝第二次战役中发生在长津湖地区的一场战役。

长津湖战役中,中国人民志愿军第9兵团3个军,在艰难困苦的条件下,与武器装备世界一流、战功显赫的美军王牌部队第10军对决,于1950年11月27日至12月24日在朝鲜长津湖地区进行了直接较量,创造了抗美援朝战争中全歼美军一个整团(北极熊团)的纪录,迫使美军王牌部队经历了有史以来"路程最长的退却"。

这次战役,收复了三八线以北的东部广大地区。志愿军在东西两线同时大捷,一举扭转了战场态势,成为朝鲜战争的拐点,为最终到来的停战谈判奠定了胜利基础。

据猫眼专业版数据,截至10日10日20时54分,电影《长津湖》票房正式突破41亿,成为影史上第7部票房突破40亿的影片,位列2021年度票房榜第三名。

该片由陈凯歌、徐克、林超贤执导,兰晓龙编剧,吴京、易烊千玺、段奕宏、朱亚文、李晨、胡军等主演。《长津湖》自9月30日上映后,连续10天单日票房破亿,打破26项影史纪录。

今晚,我与太太一起去看了《长津湖》,感受颇深,觉得这部影片的上座率这么高，是有原因的：

一是影片是涉及抗美援朝的重大题材，是爱国主义教育的大片，而且是新的重大题材。人们对长津湖战役普遍不熟，把《长津湖》搬上银幕还是第一次，很多人（包括我在内）对长津湖战役都很陌生，人们对抗美援朝知道更多的是停留在《上甘岭》《英雄儿女》《奇袭白虎团》《打击侵略者》等影片上，前不久热播的40集电视剧《跨过鸭绿江》全景展现了抗美援朝从最初决策到最后签订停战协议的整个过程，热情讴歌英雄儿女，弘扬伟大的抗美援朝精神，但即使看了《跨过鸭绿江》后，仍然对长津湖战役不甚了解，因此，人们通过《长津湖》这部电影补上了这一课。

二是影片《长津湖》是一部恢宏巨作。从投资方、编剧、导演、演员的阵容看，实力极其强劲。战争场面逼真，情节感人，生动地再现了志愿军战士在极端困难的情况下与世界装备一流的美军顽强作战的真实场景，最终志愿军战胜了美军，实现了朝鲜东部战线的胜利，迎来了朝鲜战争的转折。无数志愿军战士冒着零下40摄氏度的严寒坚持10天，同时也承受着饥饿，不少志愿军烈士付出了生命，长津湖战役的胜利是志愿军烈士用生命与鲜血换来的，是非常来之不易的，是在敌我双方实力与条件极其悬殊的情况下取得的。观看《长津湖》后，心灵再一次受到强力的震撼。

三是影片拍摄手法现代，表现手法细腻。影片大量采用当今最先进的摄影技术，这吸引了相当一部分青年人。这些年轻人喜欢大导演，喜欢大明星、大场面，大制作等，《长津湖》影片无疑是年轻人的一场文化与电影的盛宴。但由于《长津湖》是抗美援朝的重大题材，是爱国主义的历史红色影片，这样就又吸引着一大批中老年人。这些人对志愿军有着深厚的感情，对朝鲜战争的记忆永远抹不掉，这些人是这部影片观众的重要群体。这两部分观众人数的叠加，使影片的受众面显著增大，使《长津湖》票房拉高，一再破纪录，创造了历史片中最高的票房纪录。

我的观后感觉是，《长津湖》是一部多方面创纪录的大片，总体上是成功的，但如果说这部影片是经典的话，还差一点火候。因为影片缺乏必要的、感人的、曲折的故事情节，也缺少必要的铺垫，激烈而残酷的战争场面替代了一切，激战成为主导，看了一遍不再想看第二遍，与《英雄儿女》这样百看不厌的经典不在一个水平上。

当然，战争场面是需要的，但这种场面是为了情节而展开的，无论场面多大，如果没有感人的故事情节，没有演员对角色深刻的把握，无论如何是无法真正打动人的。

同样是抗美援朝题材，《英雄儿女》《上甘岭》等，我们百看而不厌，每次看都感到新鲜；因为故事情节丰富，每次看都充满激动；因为故事情节感人，每次看对影片中的演员都充满崇敬，因为这些演员独一无二，现在都无法取代，这才是真正的经典。

经典，是情节的真实、曲折与感人，是艺术的综合；经典，是生活的高度提炼，是艺术的精心创作，是历史的生动再现；经典，是演员无法取代的、独一无二的表演，是创作团队的合力创作，是永垂史册的艺术。

2021年10月8日

管 | 理 | 随 | 笔 ⑦

年轻干部要在艰苦环境中成长

我们要认真学习近平总书记2021年9月1日在秋季学期中央党校（国家行政学院）中青年干部培训班开班仪式时的重要讲话，习近平总书记指出："理想信念坚定和对党忠诚是紧密联系的。理想信念坚定才能对党忠诚，对党忠诚是对理想信念坚定的最好诠释。检验党员干部是不是对党忠诚，在革命年代就要看能不能为党和人民事业冲锋陷阵、舍生忘死，在和平时期也有明确的检验标准。比如，组织上安排年轻干部去艰苦边远地区工作，是信任更是培养，年轻干部应该以此为荣、争先恐后。刀要在石上磨、人要在事上练，不经风雨、不见世面是难以成大器的。"

总书记的重要讲话为年轻干部的成长指明了方向，阜平项目的难度是空前的，艰苦程度是空前的，受到的挑战也是空前的，对年轻干部而言，恰恰是一个极好的机会。阜平的实践，对十一科技具有战略意义，对年轻干部的成长也是一个难得的极好舞台。

年轻干部要珍惜艰苦环境锻炼机会。要沉下心去，要冲在一线，要创造性地大胆工作，不要事事请示，要大胆作为，勇于担当，根据实际情况做出最好的选择。锻炼，只能在艰苦环境中进行；温室里难以培养堪当重任的干部；经历风雨，才能成为有作为的干部。艰苦环境的锻炼，对年轻干部的成长是必要而宝贵的经历，是一笔不可多得的财富，没有这种锻炼，难以胜任更大的重任。

年轻干部要成为完成任务的模范。对于确定的目标，必须想法完成与超额完成，要充分弘扬十一科技"变不可能为可能"的精神，为实现年度目标而努力。

年轻干部要热情拥抱新事物。我们正在开辟新的赛道，新赛道上充满阳光、充满希望，但新赛道上也处处有风险，我们不能因为有风险就不开辟新赛道，也不能因为开辟新赛道就不顾风险，永远在充满风险的路上大胆而谨慎地开辟，用忠诚、勇敢、智慧、速度与坚韧开辟新的赛道。我们要热情拥抱新事物，因为只有新事物才代表着未来，代表着新的生命。

年轻干部要敢于创新。年轻干部要勇于实践，大胆创新，敢于突破。很多路并不是一开始就这么清晰的，是在走的过程中逐渐明朗的，要在走的过程中不断开辟新路，最关健的还是要善于在实践中发现机会、捕捉机会。只有抓住了这些机会，才能改变格局，才能步入正轨。因此，必须善于在实践中不断调整，善于在实践中改变自己的思想、思路，没有思想上的转变一切转变都是空的。

年轻干部要坚定信心。起初，很多事情看起来似乎不可能，但如果有好的思路、有新的方法、有坚决的态度，问题就会迎刃而解。要充分利用各方面资源，争取更大的持续突破。

新的赛道、新的未来不会从天而降，只能在我们不断的创新中发现，在我们的持续努力中开辟，这方面年轻干部担负着重大责任。

提拔经过重要岗位锻炼的年轻干部，要优先提拔经过艰苦环境锻炼并经历过考验的年轻干部，委以重任，让其在新岗位上继续锻炼，继续经历考验。没有在关健岗位与艰苦岗位上锻炼的干部，必须补上这一课，没有补的，暂缓提拔。

  抓不抓，不一样；做不做，差距大；状态好，皆可能；坚持干，事竟成。一切机会是干出来的，不干，什么机会都没有，消极等待永远不会有机会。一切不可能，在我们的坚持下，都将变成可能；旧貌换新颜，是坚持努力的结果，阜平的实践说明了这点。全院所有部门与干部都要学习阜平经验，都要发扬阜平精神，图大业，谋大事，成大事，激流勇进，当好发展的排头兵。

2021 年 10 月 9 日

狼性、诚信与善性

发展要有"市场的狼性、服务的诚信、做人的善性",这三者缺一不可。

我们要增强市场的狼性、坚持诚信、进一步改善服务、坚持企业的核心价值观、弘扬企业精神,这是企业进一步所必需,也是企业更加强大所必需。

没有市场的狼性,就会在激烈的市场竞争中败北。没有市场,就没有一切,就无法生存,更无法发展。竞争,特别是公开、公平的竞争是市场的一条基本规则,每一个项目的取得都要经过激烈的竞争,没有狼性,没有一股拼抢的精神,没有一股坚持到底的意志,没有一股非拿不可的决心,没有临门一脚的智慧与果敢,是不可能取得胜利的,是不可能赢得竞争的。狼性,就是一往无前,狼性,就是勇敢无畏,狼性,就是奋勇争先,狼性,就是敢于拼抢,狼性,就是不惧对手。狼性普遍不足,是我们当前面临的突出问题。

缺乏服务的诚信,市场也不会长久。拿到项目,靠狼性,延续项目靠诚信。如何全心全意地服务好客户、服务好项目,是一个重要的考验。特别是一些重大而复杂的项目,面临技术复杂、难度大、要求高、工期久、耗时长、涉及因素多、人员变动大、可能的纠纷多等一系列问题，能不能把"设计尽善尽美，服务尽心尽力"的理念贯彻到底，是个严峻的考验，特别是涉及人力资源与财务费用严重超出预想时，考验更加严峻。这个时候，仍然要更加坚决贯彻"诚信服务"的理念，坚守合同的承诺，集中资源把事情做到底，把事情做得更好，让客户更加信任你。同时根据实际情况与可能，适时提出合理诉求。一方面坚持诚信，一方面合理诉求，这是我们的正确方向。市场的延续，更多的是靠诚信而贴心的服务。服务，是一种竞争力，而且是更高层面的竞争力。

做人的善性，则是一切的出发点。"百事善为本"，与人为善，一起发展，共同致富，这是企业发展的基本理念。要千方百计替国家着想，要千方百计为国家贡献，要千方百计为社会多做益事，要千方百计为社会弱势群体多做善事、要千方百计为股东谋利益，要千方百计为员工谋幸福，要千方百计推动地方的发展，要千方百计实现与合作的共赢，要千方百计实现社会的共同富裕。善心，是一种人的本性，是人间的真爱，是社会的正能量，也是企业品牌与价值观的核心，是竞争力的基础。

2021 年 10 月 11 日

心无旁骛做实事

在市场竞争激烈、信息化迅捷、人心普遍浮躁的情况下，沉下心来做事，特别是做有些有用的实事，并不是件容易的事。实事，就是实实在在的事，管用的事，有影响力的事。

我们往往首先要应对快速变化的市场，要做出快速的决策，要有有效的应对措施，要快速地调动与整合资源，首先把生存与发展的事情做好，要赢得市场，要有事做，能生存、能发展下去。

然而，仅仅是应付日常事物还是不够的，必须要沉下心来做一些事，否则随着岁月的流逝，可能一无所有，一事无成，很快被人遗忘，被历史所抛弃。所谓的企业家，真正能被后人记住的不多，因为衡量企业发展的标准不断在变，后人急驰，新人辈出，你的这点业绩很快被发展的历史洪流淹没，回过头来看，任何企业家都只是一个浪花，一个阶段，一个过程。

做一些实事，留下一些丰碑。做一些事，建立起业绩，树立起丰碑，努力为后人打下更好的基础、创造更好的条件，是功在当代、利在千秋的大事。

做一些实事，填补一些空白做一些实事，写下新的历史，声誉四方、名载历史。每个人都有自己的职业，每个人都在自己特定的环境下生活与工作，每个人都有自己的优势，把自己的优势用好，把自己的优势充分发挥，就能在这个社会中赢得一席之地。

　　做一些实事，成为人生的榜样。做一些事，既能实现人生大志，又能鼓舞同事，更能激励后人，成为一个榜样。不必过分仰望巨人，任何巨人都是自己艰苦奋斗出来的，爱迪生说："天才是百分之一的灵感，加上百分之九十九的汗水。"我们仰望巨人，主要是要学习巨人的奋斗精神，如果你从小立志、从早立志，不懈努力，总有一天你也能成为一个对人民、对社会有用的"巨人"。

　　做一些实事，要有坚定的意志。做一些事，做成一些事，必须要能经得起各方面的考验，要经得起世俗别样的眼光，要能承受各种委曲，要耐得住寂寞，不要计较眼前利益，要看长远未来，要有"板凳要坐十年冷"的准备。只要看准一个方向，就要坚持下去，日积月累，不断探索，不懈努力，终究会有进步，一定会有突破。

　　做一些实事，必须要有计划。"凡事预则立，不预则废"，计划的制订与落实是关键，计划就是把自己的人生目标分解成具体的目标，长期坚持，充分聚焦，一步一步前进，就一定能够实现人生的目标，就一定能创造人生的奇迹，一生就一定会放射出灿烂的光芒。

2021 年 10 月 15 日

《樱花美》首发

　　《樱花美》专碟是我与著名作曲家彭涛老师继6月6日首发《心声》碟子后发的第二个碟子，主要是江南风情的，里面有不少动人好听的歌曲，在全国公开发出后，好评如潮，将于11月4日晚在无锡新能源国际会展"碳中和"晚会（无锡大剧院）上隆重首演。

　　我与彭涛老师的第三张碟《西域情歌》也将在今年春节后首发，创作正在紧张中进行的。

　　我们还有一些新的合作计划，只是路需要一步一步走，精品创作需要反复雕琢，这都需要时间。希望大家喜欢并有耐心等待我们的音乐作品！

　　感谢歌唱家们、制作团队、监制、评论家们的努力，我们将继续努力。

　　以业余的身份，创造出专业的水平，登上艺术的高峰，始终是我不变的心愿。

　　判断创作的标准，并没有专业与业余之分，只有统一的标准，这就是艺术。社会与公众对艺术的评判标准是公平，那就是内容与形式的统一，那就是歌词与曲谱的统一，那就是思想性与艺术性的统一，那就是动人的旋律与易唱的统一。

2021年10月16日

自己亦是风景

马克思说:"生活就像海洋,只有意志坚强的人,才能到达彼岸。"我们每天都面临日常而锁碎的事务,面临平淡而重复的生活,一天又一天,一年又一年,直到生命的终结。如果没有乐观的心态,如果没有积极的态度,如果没有坚强的信念,随波逐流,很可能一生一事无成。

其实,如果用一颗积极而平常的心看待每一天,就会发现每一天都有机会,眼前亦是风景,自己亦是风景。一切都是新的。

每一天都是新的开始。每一天都有新的目标,每一天都是新的开始,每一天都有新的安排,每一天都有新的挑战,每一天都充满快乐与美好。

每一天都是新的旅程。新的旅程是新的经历,新的旅程有新的朋友,新的旅程有新的风景,新的旅程有新的机会,新的旅程是新的体验,新的旅程有新的快乐。

每一天都面临新的机会。一次新的谈话,一次新的会见,一次新的聚会,一次新的参观,一次新的学习,都可能改变你原有的想法,都会给你带来新的思想,这些新的思想会改变你的行动、改变你的格局,从而带来新的机会。

每一天都有新的进步。坚持努力,日积月累,进步在每一天,收获在每一天，发现在每一天，调整在每一天，坚持在每一天，快乐在每一天。

每一天都是新的风景。无论是快乐还是悲伤，无论是成功还是失败，每一天都是独有的，每一天都是无法复制的，每一天都是宝贵的。它是生命的组成，它是进步的阶梯，它是变化的机会，它是生活的浪花，它是智慧的海洋，它是不可多得的财富。

不必过分仰慕天上的巨星，因为太遥远，可望而不可及即；也不必对财富有过多的向往，财富的累积要有机会，而且需求有限；保持健康、平安、乐观、慈爱、进取的心态是最重要的，心态平和，一切顺其自然。

做好自己，自己亦是风景；过好每一天，每一天都是新的美丽。

2021 年 10 月 17 日

人生永远在旅途

昨日到杭州，出席2021年第二次PGO成员第二次全体会议。见到了周元秘书长，还有中环、隆基、协鑫集团、阳光电源、中来股份、天合、中利腾辉、亚玛顿、正泰新能源、日托光伏、中信博、固德威、金盘电气等企业与《经济》杂志的领导或代表，参加的代表人数之多，超过任何一届PGO会议。

代表们的踊跃参加，反映了人们对新能源的热情，反映了在碳中和大旗下新能源发展的蓬勃态势，反映了当前由于原材料涨价而引发行业矛盾日趋突出而进行协调的必要性，这时，行业组织的作用就更加凸显。作为PGO成员的元老与创立者之———十一科技与我每次都热情参加这些会议（这次杭州会议，我与才志、光阳、明石同志出席），积极发挥作用，推动新能源企业间合作与发展，因此十一科技一直受到大家尊敬，而我们自身也在新能源的发展大潮中受益，今年十一科技新能源合同激增，与电子并列，成为最大合同来源之一，其迅猛的发展势头让人备受鼓舞。

在会上，进行了我与太太张小平新著《人在旅途》（精装、上下册）的首发，我也是刚看到这本由四川文艺出版社直发杭州的新书。这本书以精美的装潢设计、丰富的内容、广泛的题材、多彩的篇章、新颖的视角等，受到大家的热烈追捧，出现了一书难求的难得场面，特别是何建明老师为本书写的精彩序言《行者为大，智者为上》，让大家都一气读完。签完书，还与大家合影，朋友把合影发到朋友圈，点击率火爆，这说明人们对《人在旅途》的喜爱。

人在旅途，永远不会停顿。人生的旅途，还在继续，旅游的书，我们还会继续写。除了在年底前发行好《人在旅途》这本精品佳作外，第六本游记也在撰写之中，将旅游进行到底，将一路见闻告诉大家，将人生精彩充分演绎，这就是我们的目标。

人在旅途，永远有挑战。与志同道合者前行，"市场的狼性，服务的诚信，做人的善性"永远是我们的方针，不追求十全十美，但永远追求卓越，力求做到最好，不留下任何遗憾。

人在旅途，艰苦中有欢乐。每天都有欢乐，每天亦有烦恼，在艰苦中寻求突破，在烦恼中发现快乐，这就是我们面临的人生，这就是人生的酸甜苦辣。

人在旅途，精彩将继续。平凡的生活，铸就不平凡的机会；平凡的生活，成就精彩的人生；平凡的生活，开辟一条并不平凡的道路。

一切都在继续，让我们继续我们的旅途吧！

2021 年 10 月 18 日

期待再到南湖

今晚，在嘉兴再见到老朋友、嘉兴南湖区委朱苗书记，以及嘉兴科技城曹书记，同时还认识了新朋友、南湖区邵潘锋区长，心情非常快乐，来到嘉兴两天了，老朋友相见，这是久违的高兴，快乐溢于言表。

上次见到朱苗书记，是庆祝建党 100 周年之际，那一天夜晚，我们太极实业党委与十一科技党委在南湖音乐厅举行庆祝建党 100 周年的文艺活动，朱书记从杭州获奖回来全程参加晚会，让我们深受感动。

今晚，我们再次相聚在南湖，回想曾经在南湖度过的一个个难忘之夜，心情很不平静。我的《南湖夜色美》诗与歌，都是在朱书记的亲自陪同下在南湖得到的灵感，那天晚上没有朱书记的陪同，就不会有这个作品。朱书记说，现在唱《南湖夜色美》的人越来越多了，还说南湖的夜色比上次去更美了，希望我再去看看，再写个《再到南湖》。我听了很高兴，并答应下次一定再去看看更美的南湖。

虽然建党 100 周年的热潮已经过去，但南湖在我们心目中永远是神圣的，南湖的红船永远是我们的风向标，红船精神永远是我们前行的动力，因此，南湖离我们永远是最近的。

看着现在的南湖区与南湖科技城,在以朱书记为核心的南湖区委的领导下,南湖的面貌日新月异,越来越美,我们感到由衷的高兴。作为嘉兴的儿女,作为南湖的崇敬者,作为朱书记的一个朋友与粉丝,我为南湖的发展而骄傲,为南湖发展而自豪,我们一起为南湖发展加油!

2021年10月19日

阜平，光荣与梦想之地

10天前，来到阜平，10天后，再来阜平，我们与阜平结下不解之缘。

阜平，是晋察冀军区司令部的所在地，聂荣臻元帅曾带领晋察冀司令部在这里指挥抗日战争，聂帅在阜平总共度过了10多年，晋察冀的抗日兵力由当初的3000人发展成为数十万的大军，成为威震四方的军队，聂荣臻元帅在这里写下辉煌篇章。

城南庄的往事，记载着伟大领袖毛主席在这里度过的光辉岁月。毛主席与党中央在陕北转战西柏坡途中曾在这里居住，毛主席在这里进行了著名的"城南庄会议"，并发出了成立新中国的动员令与"五一"劳动节口号。毛主席在这里会见了陈毅与粟裕同志，研究并作出了淮海战役的决战布署，毛主席还在这里躲过了一场国民党飞机的空袭。

骆驼湾，因脱贫而成为全国典范。习近平总书记在2012年12月29日在这里发出了全国扶贫的动员令，拉开了全国扶贫攻坚伟大征程的序幕，9年的成功实践，阜平骆驼湾村成为全国扶贫前锋，成为人们向往的学习教育与展示基地。

阜平，从此成为一个充满神话的地方，成为实现梦想的出发之地，成为红色的教育之地，成为现代化建设的成功之地，成为人们向往的地方,我们循着这个光辉足迹继续前行,寻找新的梦想。

2021 年 10 月 21 日

人间正道是沧桑

毛主席在《七律·人民解放军占令南京》的不朽诗篇中,有句名言:"天若有情天亦老,人间正道是沧桑。"

上天是不会有情的,天若有情就会变老。人类发展的正确道路是不以人的意志为转移的,在历经了前辈志士前赴后继的艰辛探索与曲折发展后,中国人民终于找到了正确的道路,这条人间正道,就是中国人民翻身解放之路,就是中国特色的社会主义道路,是我们唯一的真正出路。

任何正确的发展道路,都不会轻易找到,都需要在长期的艰苦实践中摸索发现,都需要在曲折中反复比较鉴别,这个过程充满着艰难与血腥,要付出无数的生命代价。

任何正确的发展道路,都来之不易,要倍加珍惜。中国革命的发展之路,中国改革开放之路,中国现代化建设之路,中国人民的富强之路,都是来之不易的,我们要倍加珍惜,决不能轻易放弃,若背离了正确的方向与轨道,就会碰得头破血流。

走路走正道,正道上阳光照。只有坚持正确的方向,只有坚守住底线,只有敬畏法律法规,才能赢得最终的胜利,才能在发展的道路上迅跑。阳光者,必得道,必得助;阴暗者,必失道,必失助。

走路走正道，正道上斗志昂。我们走在大路上，意气风发斗志昂扬。正道上激情满怀，正道上斗志昂扬，正道上意气风发，正道上阳光明媚！

2021 年 10 月 21 日

津门圆梦

昨日下午，十一科技华北大厦进行了隆重的入驻仪式，来自各地的领导、嘉宾与出席十一科技天津峰会的干部、天津分院的干部员工共500多人出席了这个盛典。

这个光荣的时刻，我更多地是想到了8年前的情景，那时我与浩平首次研究在117地标旁共建两幢双子座大楼的设想，在经过一系列审批程序后，我们开始了双子座建设的征程，2014年底十一科技与中环签署协议，2016年底开始建设，今天（2021年10月22日）正式入驻。前后约8年，其间一波三折，但最终没有改变最初的想法，而且越来越好，梦想终于变成美好现实，从此津门117地标有了两幢光彩夺目的大楼。在津门闪耀，这是中环、十一科技合作与友谊的象征，这是中环与十一科技强大的标志！

津门圆梦，是因为那一片舍不得的津门情结。1995年，十一科技因当年摩托罗拉MOS—17项目，开始在天津发展，十一科技很多领导、干部与员工，都因此与天津结缘。从那时起十一科技设立了天津分院，历经孝康、姚伟、文志与才志（2011年任天津分院董事长）四任天津分院主要领导的带领，特别是才志上任后发展提速，在院正确战略与发展的大环境下，天津分院发生了根本性的变化，成为今天在天津有很大影响力的分院。

在华北大厦的建设过程中，无锡产业集团、太极实业等大股东都给予了支持，才志带领文志、志超与天津分院，坚决贯彻总院战略，克服种种困难，一直坚持，终于实现了梦想。

津门圆梦，是坚持与梦想的胜利。没有梦想，就没有美好的未来，梦想是前进的方向与奋斗的目标；而坚持是实现梦想的保证，美好的梦想总是通过长期坚持与不懈努力才能实现。这世上"没有人能随随便便成功"，十一科技华北大厦前后历经8年，才从设想变成现实，这其中经历一系列的变化，但无论如何都不能动摇我与十一科技的决心，无法动摇我们的初心，在坚持下，梦想终于成真。

津门圆梦，是友谊的结晶，是合作共赢的结果。我们永远感谢中环浩平总经理，不仅在中环的快速发展中给了十一科技一系列重大机会，而且在大楼的共建中，真诚全力推动，最终促成双子座在津门闪耀，实现共赢，这珍贵的友谊与合作精神将永远被十一科技人所铭记。

岁月流逝，人都会老矣，离开工作岗位的时间正在日渐逼近，退出历史舞台的时间也迟早会来到，但华北大厦丰碑永在，这是十一科技众多大厦群中光荣而美丽的一员，是十一科技强盛的一个标志与缩影。

历史永耀，在津门117地标，十一科技华北大厦与中环大厦组成的双子座。在夜色里发出夺目的光辉，这光辉光耀千里。这光辉照亮津门，使天津这座城市夜晚更加美丽；这光辉永存史册，这光辉告诉人们曾经走过的艰难与曲折；这光辉告诉人们，在这个伟大时代，只要全力奋斗，一切梦想都有可能实现，一切不可能都会成为可能！

2021年10月22日

管 | 理 | 随 | 笔 ❼

不发展是最大的风险

发展，必然会带来风险，这是毫无疑问的。特别是当转型进入新领域、发展速度提速或规模快速扩大时，容易引起新的风险。

这种风险的产生主要是因控制能力不足而引起的，当我们及时增强控制力量后，这种风险就会逐步消失，失控的局面就会稳定。

任何时候都要在可控的状态下快速发展，这是我们一条不变的原则。风险的管控，一靠制度，二靠干部，三靠团队，其中干部是关键。

从今年的实践看，总包公司、爱德公司在规模扩大多倍、骨干又无法及时补充的情况下，工程推进有条不紊，控制稳健，业主给予了充分肯定。不少分院都实现了较快发展，都在克服风险中快速前进，这说明较快发展中的风险是可以克服的。

因此，较快发展不是产生风险的必然理由，控制风险的关键是要把权力放下去，把各方的责任落实下去，把事管起来，把干部的潜能充分释放，在每一个关键岗位上派上得力干部，把年轻干部派到工程关键岗位，让他们充分锻炼与发挥作用。

发展总是有风险的，风险总是与发展相伴，只要发展，就必然会有风险。

以工程服务为例，我们面临的风险有：设计错误的风险、投标的风险、合同的风险、质量的风险、安全的风险、信誉的风险、违约的风险等，只要我们继续从事工程服务行业，就必然存在这些风险，我们必须要过细地把握每一个环节，确保消除与减少可能产生的风险。

以投资为例，投资面临的风险更大，需要尽调的事项也就更多，只要一个关键因素漏掉了，就可能带来重大风险。而给我们投资决策的时间往往很短，在犹豫中投资机会稍纵即逝，我们往往要在有限的时间内做决策，在机会与风险中权衡选择。

只要我们按照程序，充分听取各方意见，充分发挥团队的作用，工程中的风险是可以克服的。

不发展是最大的风险。不发展会失去行业的领军地位，失去接触前沿新技术的机会，失去品牌的影响力，失去优秀人才的吸引力，企业发展就会逐渐停顿，就会被发展淘汰，就会退出历史的舞台，这是无法挽回的最大风险。

发展慢也是风险。在激烈竞争的市场里，强手如林，新招不断，只要稍一松懈，就会落伍，慢一拍，就是慢一步，慢一步，就是慢一轮，慢一轮，可能很难再赶上。

有时一个重大项目失手造成的负面影响，很难在短时间内消除。而加快发展，就是不能放弃任何重大机会，就必须全力拼抢每一个机会，有时候一个小机会就可能是大机会。赶上一个大潮并能领行领潮流，可能会赢得十年发展周期，我们在新能源的成功转型实践说明了这点。

加快发展，就是抢占机会，抢占机会，就是抢占制高点，占领了制高点就有了主动权，有了主动权，就有了市场的话语权，就拥有了更多的资源支配权，各方面的风险就容易克服与处理，就会在竞争中立于不败之地。

加快多元化，就是规避风险。一业为主（或两业为主），多业发展，坚定地实现"三化"战略，是规避风险的关键。单一的业务很容易停顿，一旦出现停顿，发展就会滞涨，就会出现风险。在专业化的基础上实现多元化，可实现长治久安。

在发展上，高一点的指标，形成一种倒逼机制，往往成为成长发展的压力，这个压力也是成长的动力。倒逼机制，逼出压力，逼出思路，逼出出路，逼出一番新天地。没有倒逼机制，就没有成长的压力与动力，就快不了。很多时候，设高指标并采取行政措施，会增添发展的活力与动力，否则发展就缺乏活力与动力。

能快就快，抢占机会，该慢就慢，慢是为了快，在可控的状态下实现稳步而快速发展，这就是我们的发展观，也是我们的风险观。

2021 年 10 月 24 日

必须坚持"市场的狼性、服务的诚信、做人的善性"

什么是市场的狼性？第一，狼首先具有嗅觉敏锐、灵性十足的特点，狼的敏锐性强，善于发现机会。第二，狼不畏对手、勇于凶猛拼抢，敢于抓住机会。第三，狼的奔跑性。狼具有辛劳奔波、勤奋奔袭、不知疲惫、勤奋捕捉机会的特性。第四，狼的警惕性。狼具有高度的警惕性，这提示我们要对风险与陷阱保持警惕，要对周围的一切保持一种警觉。第五，狼有群性。狼时常成群结队出没，是一个狼群，不易受到攻击。这说明团队的重要性，个人作用有限，团队力量强大。

总体上说，我们在市场上的狼性不足，缺乏市场的敏锐，功夫没有到位，在遇到强劲对手时，我们的斗志不旺、必胜的信念不强，缺少临门一脚的功夫，这是我们的一个致命弊端。因此，加强市场的狼性，是我们再突破的关键。我们虽然也有一些市场的先锋，也创造了不少市场奇迹，但总体上我们还有很大的差距与潜力。

《再突破的前夜——在 2021 年经营峰会上的闭幕讲话》中的段落

什么是服务的诚信？服务的诚信就是要遵守合同的承诺，当实际情况与合同有偏差时，尽量调整我们自己，始终要以为客户创造价值作为我们的宗旨，在我们能够承受时，不提出各项不合理的要求，用我们的诚意打动客户，感动客户。即使要提一些合理要求，也要在适当的时机，要看可能的实际效果。总之，要把客户作为都作为长期客户看待，要摆正自己的位置，客户就是上帝，这个位置是不能变的。确要诉诸法律、走诉讼流程的，也要经评估后审慎做出决定。

什么是做人的善性？人的善性就是与人为善，就是多为他人着想，多为客户着想，多为客户服务，多替合作伙伴着想，多替同事着想，多替朋友着想。在不损害院利益的基础上，要多帮助他人，即使对院短期利益有所损失，只要对长期利益有帮助的事，我们也要去做。善有善报，恶有恶报，这个因果关系永远不会变，朋友多了路好走，要多交朋友，即使交不了朋友也尽量不要树敌，我们必须最大限度地集中我们的打击目标。

——《再突破的前夜——在 2021 年经营峰会上的闭幕讲话》中的段落。

2021 年 10 月 24 日

新能源，十年转型

十一科技今天的快速发展，得益于十年前的成功转型。十年前，我们开启了向新能源（光伏发电）的转型步伐，以承担无锡尚德、洛阳尚德等光伏系列制造项目总包为突破口，开始向光伏领域进军。在承揽光伏制造业不久，我们很快又开始承揽了光伏发电总包项目，转型开始涉足新能源领域的全产业链。

经过十年培育，新能源产业由一棵幼小的树苗成为一棵挺拔的参天大树，扛起了十一科技发展的半壁江山。今年，在华东、天津两个主力分院中，新能源的合同与营收占比都已超过50%，南京分院的新能源占比超过80%，发展快的分院都是坚持了电子与新能源双轮驱动的战略，新能源推动这些分院的发展。在双碳经济发展大潮的推动下，华东、天津两大主力分院的合同将超百亿，昂首迈入百亿级合同的俱乐部，"再造几个十一科技"的梦想正在逐渐变为现实。

十年来，我们转型的脚步一刻也没有停。十年来，我们向新能源领域的转型一直在继续，从设计到总包，从制造到发电，从光伏到风电，从服务到投资，从产业链的一部到全产业链，从一点突破到全面开花，我们在转型的路上一直努力着，如今我们收获着这沉甸甸的成果，充满着胜利的喜悦。

十年来，我们的决心不曾动摇过。十年间，新能源的发展起起伏伏，道路曲折，时而高潮，时而低谷，跌宕起伏。但我们始终如一，一颗坚强而真诚的心从来没有改变过。即使在重大挫折的考验面前，我们依然信心满满、全力应对，没有动摇，我们与新能源的同行们一起度过了那些曾经艰难的时光，迎来今天新能源发展的高潮。

十年来，我们与新能源的先驱者们一路结伴同行，相互支持，相互鼓励，成为新能源事业的有力推动者。十年来，我们是新能源扶贫的先行者，我们在巩义与阜平建的扶贫光伏电站，每年都从收入中拿出部分固定回馈当地，开创了光伏扶贫的新模式。我们在巩义的光伏大道，成为光伏发展的一个地方标志。

十年来，我们是全国各类新能源展会的最积极参与者之一，也是长期有力的赞助商之一。我们用自己微薄的力量，与新能源的先驱者们一起点燃新能源的星星之火。我们用火热的激情，活跃在新能源界；我们用满腔的热情，为新能源界添彩。设计与总包，是新能源产业界产业链上重要的一环，我们联结着产业，服务着产业，成为新能源一支重要的力量。十一科技的新能源队伍，转战在全国的崇山峻岭，我们越来越漂亮的光伏树成为一道亮丽的景观。

十年来，我们用诗与歌唱响新能源，新能源燃起诗的热情，新能源界回响嘹亮的歌声。诗在远方的路上为新能源加油，歌在前进的道上鼓舞着新能源的健儿奋勇向前。十一科技的好声音，成为新能界的一个奇观，成为一个充满正能量的标志。

十年来，我们获奖无数，金光闪耀的奖杯，是对我们贡献的肯定，是曾经走过的不平凡足迹在闪耀，鼓舞着我们继续在新能源这条充满崎岖与曲折的道路上继续奋力前行。

十年来，我们的朋友遍天下，合作伙伴众多，正集结着更大的队伍，向着未来出发。再出发，声势更浩大；再出发，队伍更雄壮；再出发，霞光万丈，朝霞满天。

此文为转型新能源十年而作，向一线的新能源战友们致敬。

2021年10月25日

努力做成事

天津经营峰会回来，情绪仍处在高亢中，久久不能平静。天津期间那几天，团队相聚，好事连连，激情燃烧，兴奋不已，我们的心情至今仍然不能平静。回到成都，开始回归正常，等着的是排得满满的日程。

回顾以往，尽管繁忙，时光匆匆，但一直在努力，当下，更要把握加快发展的机会，多做事，做成事，做大事，这是最重要的。

多做事，做成事，做大事，要有敢于担当的务实作风。务虚是必要的，务虚是要讨论一些大的层面上的事，但很多时候，务实更加重要。文件的层层传达是必要的，但传达以后更重要的是落实到行动上。一步实际行动要比一打纲领更加重要，现在务虚成风的风气非常耽误事，必须改变，要培养一大批求真务实的干部。

努力做事，做成事，做大事，当前我们正面临难得的历史机遇。国家新兴战略的蓬勃兴起，双碳经济目标的提出，人们对健康生活的向往，以集成电路为核心的电子行业、以光伏发电为核心的新能源行业、以新材料为核心的材料装备行业、以生物医药为核心的大健康行业带来了前所未有的空前机会，努力把握发展机会的风口，争取多做事、做成事、做大事。

多做事，做成事，做大事，要有破冰的决心。做成一件有意义的事并不容易。我们做事的愿望是好的，做成事并不容易，要克服重重困难，要经得起跌宕起伏的考验，要经得起世俗的眼光，要经得起各种严峻挑战，要有破冰的决心。

多做事，做成事，做大事，必须大胆而有作为。必须要有一种大无畏的精神，必须要有不怕牺牲、克服一切困难的勇气，必须要有一种不惧流言、诽谤的精神，必须与那种随大流、不做事的人划清界限。

多做事，做成事，做大事，要有信心。信心比黄金更宝贵。多做事，做成事，做大事，要有智慧，要善于充分利用各方面资源，促成事情的成功。

多做事，做成事，做大事，要有敏锐的眼光。要把握稍纵即逝的历史性机会，要让小机会变成大机会，把大机会充分演绎。把握机会，就是把握了发展的大潮，就是站到了潮头，就是引领了发展的方向，就是占领了制高点，就是争取了主动权。

多做事，做成事，做大事，要有一颗无私而善良的心。无私而无畏，无畏者勇，勇者得大势，得大势者赢大局。

2021 年 10 月 26 日

中国发布碳达峰碳中和重磅文件

中国于 10 月 24 日晚间发布《关于完整准确全面贯彻新发展理念做好碳达峰碳中和工作的意见》（以下简称《意见》）。这份双碳目标的顶层设计文件指出，要处理好减污降碳与能源安全、产业链供应链安全、粮食安全以及群众正常生活的关系，有效应对绿色低碳转型可能带来的经济、金融、社会风险，防止过度反应，确保安全降碳。

《意见》称，有序推进绿色低碳金融产品和服务开发，设立碳减排货币政策工具，将绿色信贷纳入宏观审慎评估框架，引导银行等金融机构为绿色低碳项目提供长期限、低成本资金。

同时，支持符合条件的企业上市，融资和再融资用于绿色低碳项目建设运营，扩大绿色债券规模；研究设立国家绿色转型基金；鼓励社会资本设立绿色低碳产业投资基金；建立健全绿色金融标准体系。

《意见》指出，到 2025 年，单位国内生产总值能耗比 2020 年下降 13.5%；单位国内生产总值二氧化碳排放比 2020 年下降 18%；非化石能源消费比重达到 20% 左右；森林覆盖率达到 24.1%，森林蓄积量达到 180 亿立方米。

到 2030 年，单位国内生产总值能耗大幅下降，单位国内生产总值二氧化碳排放比 2005 年下降 65% 以上；非化石能源消费比重达到 25% 左右，风电、太阳能发电装机容量达到 12 亿千瓦以上；森林覆盖率达到 25% 左右，森林蓄积量达到 190 亿立方米，二氧化碳排放量达到峰值并实现稳中有降。

到 2060 年，非化石能源消费比重达到 80% 以上，碳中和目标顺利实现。

摘自 2021.10.26 日《参考消息》

管 | 理 | 随 | 笔 ❼

新能源的发展比想象的要快得多

新能源的发展，比想象的要快得多，要猛得多，大潮汹涌，势不可当。

这主要是因为COP26会议将于十月底在英国召开，世界领导人把即将举行的《联合国气候变化框架公约》第26次缔约方大会（COP26）称为应对气候变化成败攸关的时刻。

为什么这次会议如此重要？2015年，COP21通过了《巴黎协定》，要求将全球气温升幅控制在较工业革命前升高2摄氏度以内，最好不超过1.5摄氏度。科学家说，达到这一最低目标至关重要。联合国本月发布的一份报告发现，全球升温速度比此前认为的要快，并警告说，为了避免气候灾难，必须在这个十年内将温室气体排放量减少一半。但《巴黎协定》缺乏实现温室气体排放达标所需具体而深入的承诺。美国气候特使克里等人称，COP26是将世界从气候变化临界点拉回来的"最后、最好的机会"。

COP26将采取更加激烈而具体的措施，这是大势所趋，严格限制火力发电并取消，也是大势所趋。

新能源革命关乎人类生存，而绿色低碳的转型会带来全社会深刻的变革与动荡。

对我们有了十年转型基础的院而言，新能源革命，既是挑战，更是重大机会，我们要加快调整步伐，在不影响（或少影响主要业务）的情况下，几乎每一个部门都要研究如何向新能源转型，已经转型的部门，要研究如何更快一些，如何不失去当前面临的十年紧迫机会。

新能源革命潮的来临，远比我们想象的快，其影响面已开始超过电子，从最近审报的项目审批看，新能源项目已远远超过其他项目。因为气候变化已经关乎人类生存，原来设想的新能源速度可能会大大提前，全体干部对迅猛发展的新能源革命必须要有深刻而紧迫的认识。

2021年10月26日

记住这个光荣的日子

1971年10月25日，联合国以压倒多数的投票结果恢复中华人民共和国在联合国的合法席位，把蒋介石台湾代表驱逐出联合国。

50年前的今天，是历史性的一天，是光荣的一天，是正义战胜邪恶的一天。50年后的今天，中国天翻地覆，发生了巨大变化，继加入了联合国以后中国又加入了世贸组织，加速了中国融入世界的步伐，加快与推动了中国的改革开放，中国人民从此走上了一条开放而富裕的道路。

对此，毛主席曾动情地说"是非洲朋友把我们抬进联合国的"。至于后来中国加入世贸组织，在国际机构多次挫败以美国为首的西方国家反华人权提案等，来自非洲的支持票更是发挥了作用。而打动非洲朋友的是中国人民的真诚。

在毛主席的英明决策下，在周总理的亲自指挥下，中国对非洲进行了多方面的帮助，在自身还十分困难的情况下，派出中国医疗队到非洲，援助修建了著名的坦赞铁路，对非洲各国实施了必要的经济援助。毛主席与中国人民一直坚决支持亚非拉人民争取自由、独立与解放的正义斗争，在经济上毫无保留地支持援助亚非拉人民。

中华人民共和国成立后，周总理先后率团出席日内瓦会议与万隆会议，以其无与伦比的人格魅力和卓越的外交能力，赢得了一大批亚非拉朋友的信任，在国际上为中国树立了崇高的威信。1963年12月14日至1964年2月29日，周总理访问阿联（即阿拉伯联合共和国，当时包括埃及和叙利亚）、阿尔及利亚、摩洛哥、阿尔巴尼亚、突尼斯、加纳、马里、几内亚、苏丹、埃塞俄比亚、索马里、缅甸、巴基斯坦、锡兰（今斯里兰卡）等14个国家，增进了中国同亚非国家的友好合作关系，加强了中国人民同亚洲、非洲人民之间的友谊和团结。在访问中，周恩来总理提出了中国对外经济技术援助的八项原则。

进入联合国，最重要的是非洲朋友们的帮助，同时也是毛主席与周总理的英明决策，毛主席、周总理成功指挥了中国外交史上一个个载入史册的漂亮战。小球转动大球，邀请尼克松总统访华，中国恢复在联合国的合法席位，以后又实现了中日建交、中荷建交、中德（西德）建交、中英由临时代办升格为大使级外交关系等，中国实现了与美、日、欧强国外交的历史性破冰，从而为人员、技术、经济、文化与外交往来打开了广阔的通道。

忆昔抚今，我们心潮澎湃，感慨万千。50年的沧桑巨变，50年的风雨历程，50年的艰苦奋斗，50年的伟大成就，都使我们更加坚定了信心。

未来的50年，必定是更加充满希望的50年；未来的50年，必定是中国人民对人类做出更大贡献的50年，对此，我们期待着。

2021年10月26日

管│理│随│笔 ❼

再突破前夜的集结
——2021 年天津经营峰会

2021 年 10 月 22 日—24 日召开的天津经营峰会已经拉下帷幕了，这次峰会是在特殊的时刻召开的，将产生推动十一科技高位再发展的巨大的动力，成为再突破前夜的一次重要集结。

天津峰会期间举行的华北大厦入驻、好声音决赛、夜游海河与会议正式议程等系列活动，给人们留下了深刻而美好的印象，这美好记忆将长留在人们的心中。

在正式会议期间，我先后发表《路的尽头，是新的赛道》《再突破的前夜》与《不发展是最大风险》的报告，我在报告中提出了一系列新的观点，特别是对"市场的狼性，服务的诚信，做人的善性"作了深刻的全面阐述，对"不发展是最大的风险"作了深刻的论述，对新能源发展的紧迫性作了瞻望，这些都为十一科技在高位持续发展指明了方向。

大家从天津峰会上得到的不仅是雄伟壮丽的华北大厦的自豪与为好声音的激情而感动，更是找到了再出发的巨大动力，受到再出发的巨大鼓舞，这是在再突破前夜的一次重大集结。

在才志的领导下，天津分院不仅为会务做了各方面精心的准备，给代表们留下了深刻的印象，而且天津分院这十年的发展更让人惊喜不已，才志同志担任天津分院董事长十年（2011年担任），在总院的领导下，将天津分院从不到4000万的合同的小分院，今年将成为合同近百亿的主力大院，创造了一个奇迹，成为十一科技分院发展的一个榜样。

"再造几个十一科技"的梦想，在奋斗中逐渐变真，"再造几个十一科技"的梦想，在全体十一科技健儿的拼搏中一步步变成现实。十一科技务实与敢于奋勇向前的作风，与那些说空话、说假话、说大话、不作为、不担责、不进取、不进步的不良作风，形成鲜明对照，我为十一科技的团队而骄傲，十一科技要永远保持这种务实前行、敢于拼搏的作风。

峰会是加油站，峰会是动员令，峰会是团结的歌，峰会是胜利的曲，峰会是跃进的舞，峰会是不朽的诗。

让我们记住天津峰会那些难忘的快乐瞬间吧！让我们努力工作，让天津峰会的设想变成更加美好的现实吧！

2021年10月27日

特斯拉市值冲破 1 万亿美元

2021年10月27日《参考消息》转引路透社华盛顿10月25日报道,因市场确信电动汽车的未来将至,特斯拉市值冲破1万亿美元。

报道说,在从赫兹汽车租赁公司获得其有史以来最大的订单后,特斯拉公司的股票市值周一超过1万亿美元。这笔销售协议强化了特斯拉这家电动汽车领先企业在今后十年内销量雄居整个汽车业之首的野心。

报道说,特斯拉股价一度飙升高达14.9%,至1045.02美元,按路透社根据该公司最新提交的文件计算,这使其成为全世界市值最高的汽车制造商。

报道说,大多数汽车厂商并不夸耀对汽车租赁公司的销售,此类销售通常采用折扣价格以摆脱滞销车型。但对特斯拉及其投资者来说,赫兹公司决定在2022年年底前订购10万辆特斯拉汽车一事表明,电动汽车不再是一种小众产品,而会在不久的将来主导主流汽车市场。

报道说,赫兹公司临时首席执行官马克·菲尔兹对路透社记者说:"电动汽车现在就将成为主流,我们刚刚开始看到上升全球需求和兴趣。"

报道说，马斯克已经制定了年平均销量增长50%的目标，最终销量将达到每年2000万辆。这将是目前销售领先的大众公司或丰田公司销量的两倍多。

2021年10月27日

管 | 理 | 随 | 笔 ❼

山西综改区千亿光伏产业链

中来股份董事长、我的亲密朋友林建伟以巨大的魄力、以中来一企之力、以他一人之绝顶智慧带动众多的光伏上下游企业在太原投资，撬动在山西综改区光伏千亿投资，这是对中国光伏产业链无与伦比的巨大贡献，这是对山西人民功德无量之大事，堪称山西省建国七十年以来投资之最，是山西省实现经济转型的重大关键项目，受到山西省的高度重视，这对中来发展也是一个巨大机会。

一个企业发展的机会总是与城市发展机会密切相关，你中有我，我中有你，在城市转型过程中，企业面临重大机会，而企业转型过程也推动了城市的转型。

在双碳经济时代，每个企业、每个人都面临转型发展的重大机会，关键是要敢作为、善作为、敢担当，抓住机会，奋勇前进，才能成功。

我们见证了建伟从最初投资设想到正式实现的全过程，深切体会到"机会从来不会天上掉下来"，机会只有靠精心策划、全力拼抢才能抓住，创造奇迹的背后是勇敢而艰辛的付出。创造奇迹、成就大业要敢想、敢说、敢干，一切说大话、说空话、说假话而不务实的人，在迅速发展的潮流面前，必定一事无成。

向中来学习,向建伟学习,以建伟为榜样,务实创新,大胆作为,在发展中走出新天地。

2021 年 10 月 28 日

产业链在竞争中的作用

产业链在竞争中发挥着重要作用，单一的某个产业环节在竞争中的局限越来越突出，竞争的一体化趋势越明显，产业链在竞争中的作用越来越重要。

以工程而言，只有在重大的项目中，单一的设计仍然有利可图，而由于竞争的激烈，一般中小项目单一设计收费已很维持正常运转了，更不要说持续高位发展了。设计带动总包，寻求实现设计咨询全过程服务，是大中型设计院面临的必然选择。

以工程而言，更高的层次是投资拉动，实现从投资、设计到总包施工的一体化，目前这一趋势也很明显。大型土建施工单位的营收与资产规模大，融资能力也强，因此在竞争这一类项目中，施工单位有明显优势。但对已经上市的设计公司而言，借助于上市公司的平台，也具备强劲的竞争优势。

以产业而言，要考虑选择逐步拉通产业链，以光伏而言，从硅料、晶硅、拉棒、切片、电池芯片、组件到光伏发电等，形成了完整的光伏产业链，虽然能全部拉通的企业并不多，但相互参股，互相投资，从而取得产业链的支持，也是光伏企业常见的选择。而逐步延伸，自主发展，不断扩大，更是大部分光伏企业的选择。

以产业而言，延伸产业链，不仅可以取得供应链的优势，同时也在竞争中取得了价格的优势，而现在的价格之争往往决定市场竞争的成败。产业链完整后，在每一个环节上都有更大的利润调节空间，在市场中生存与发展的空间更大了。

以产业而言，产业链的完整要适度。市场是在快速变化的，过分强调完整的产业链也存在很大风险。扩大投资，扩大产业链，扩大产能，不能不顾及市场的实际需要，不能不顾及自己的投资能力，不能不顾及自己在每一个产业链上的竞争能力，片面追求产业链的完整与规模，存在很大风险，走得太快，走得太急，难免要掉坑到里。这方面光伏界的一些老牌企业曾有过深刻的教训。

就产业扩张而言，要做到游刃有余，伸缩自如。全链出击，并不能保证全产业链都强，其中的薄弱环节会制约整个产业的竞争能力，一旦竞争力受到影响，会造成产品的大量库存积压，从而带来巨大的经营风险。

2021年10月28日

双碳经济时代已经来临

变化太快,是新时代的特征,技术的快速变化,改变着产业的结构,而人们的需求总是不断对技术发展提出新的要求。

当前,我们已进入双碳经济的时代,进入了一个新能源革命的时代,这场新能源革命,关乎着人类未来的命运,关乎着人类的生存,坚决将地球温度控制在较工业革命前上升不超过2摄氏度的范围,是各国共认的底线,守住这个底线,就守住了人类生存的生命线,一旦失去这个底线,后果不堪设想。

不少有识人士认为,即将在英国召开的COP26会议,是人类在气候问题上从最危险的边缘上拉回来的最后机会,气候转暖的不可逆,使我们控制地球温度的机会越来越少了。

人类只有一个地球,只有一个蓝天,空气无法隔开,地球是人类唯一而共同的家园,地球气候转暖问题的解决,需要各国达成共识,需要各国共同行动。

这些行动是:设定明确的碳排放控制量;分阶段实现减排目标;大力发展新能源;因地制宜全力发展清洁能源;限制火力发电并最终取消;根据实际情况,把各国的经济增长放到一个适度范围内,防止经济增长过快拉动对传统能源需求的快速增长过尽量减少绿色低碳转型过程对人民生活的影响。

迎接这个新时代，就要带头做一个低碳经济的先行者，在生活中处处实现低碳生活、简单生活、健康生活。

迎接这个时代，就要全力推动新能源的发展，要为新能源的发展摇旗呐喊，要紧紧把握新能源发展的历史性机会，推动低碳绿色成功转型。

2021年10月29日

往事如烟

今天在出差离开成都前，我特地到医院看望了一位正在住院的老同事。这位老同事也是我的老朋友，我们差不多一起来院，我们曾经在基层处室长期共事，在那些困难的年代里我们朝夕相处，时常在一起。我们双方的家庭与孩子也都是好朋友，那时两家常来常往，节假日常在一起。后来我们俩的职位都发生了变化，但仍然是无话不谈的好朋友。前几年他与爱人都陆续退下来，而我还在继续上班，而且工作上更加忙碌，我们的家也都先后从大院搬出到不同的新小区，这样，我们见面的时候就越来越少了。

这次在医院相见，心里有一种别样的感觉，不禁回想起当年在一起的快乐情景。

年轻时，我们在一起，意气风发，是当时设计院最年轻的骨干，在"文革"十年动荡后，我们是首批入院的年轻大学生，院里对我们寄予希望，我们转战各地，四处奔波，一起参加项目的现场设计，很快就能独立工作，勇敢地承担起年轻人的责任。那时我们无忧无虑，朝夕相处，日子是多么快乐，生活充满阳光。

中年时，我们都承担起了更大的责任，分别担任了中层干部，以后我走上院级领导岗位，后来又出任院一把手。我出任一把手后，根据需要，他很快担任了一个重要分院的一把手，我们俩都承担起不同的责任。我时常到分院检查指导工作,我们在一起的时间不少,工作上的接触更多。我们一起度过了难忘的岁月,一起见证了十一科技由弱小变成强大的曲折而美好的过程,直到现在,我们对这些难忘的岁月都记忆犹新,无法忘怀。

岁月无情,时光穿梭。我们很快进入了新的时代,不知不觉,他已到65周岁了,该是从岗位上退下来的时候了。他退下来后,我们见面的机会就很少了,后来听到他因病住院,今天我们在医院再次相逢,百感交集。他的状态与过去硬朗的面貌比判若两人,真是不敢比呀,但唯一没有变的是他的乐观精神与大度的胸怀。

岁月无情,历史有痕。十一科技的历史将无数贡献者的名字刻上,院史馆里完整保留历史,这历史记录着十一科技艰辛的发展史,记载着干部与员工的杰出贡献,记载着我们一代又一代人的梦想与曾经走过的道路。

岁月无情,人间有爱。真诚祝愿他身体早日康复,恢复朗朗笑声,再现当年之英气,尽享天伦之乐,尽享这伟大新时代的的幸福生活。

2021 年 10 月 29 日

会展年年更兴旺

第十三届中国（无锡）国际新能源大会暨展览会，将于11月3日—5日就在无锡举行，我抱着每年不变的热情，已经踏上通往这个会展的旅程。

无锡，是十一科技新能源根据地，是十一科技的主场，是十一科技新能源最重要的参展地。

十三年来，我们风雨无阻。十三年来，我们一直出席并支持这个会展，无论遇到什么变化，都没有改变我们参展与支持会展的决心。

十三年来，我们一直坚定支持无锡新能源会展。因为新能源是伟大而崇高的事业，新能源是当今最重要的行业。而无锡是我们的福地，无锡是我们的高地，无锡是哺育十一科技新能源成长的宝地，无锡也是中国新能源的发源地，我们深爱着无锡，深爱着无锡新能源会展。

十三年来，我们热情似火。我们深知，会展的意义不仅带动新能源的发展，而且也带动无锡会展业、带动无锡旅游业、带动无锡经济的发展，推动无锡——曾经作为新能源摇篮的发展。

十三年来，我们决心更大。今年的无锡新能源会展，从去年的两个馆扩为四个馆，比去年会展规模翻一番，虽然与上海 SNEC

会展比，差距还很大，但这已经确立了无锡新能源会展在全国稳居第二的地位，这里有十一科技的贡献。十一科技准备继续助力，推动无锡新能源会展在明年达到六个馆，并逐年增加，这是我们美好而坚强的梦想。

美好的梦想，既是遥远的，也是有可能的。双碳经济时代的来临给了我们一种无限的可能，我们离梦想越来越近，让我们继续曾经美好的梦想，在新能源的道路上阔步前进吧，而会展则给我们提供了更加宽广的合作平台，搭建了新能源合作的桥梁，增进了老友新朋的友谊，让我们热情拥抱无锡新能源会展吧！

2021 年 10 月 29 日

管 | 理 | 随 | 笔 ❼

山西太原千亿级光伏产业链的形成

10月30日上午，山西太原古城阳光明媚，一派生机勃勃，山西省开发区2021年第四次"三个一批"活动暨年产16GW高效单晶电池智能工厂项目（二期）开工奠基仪式在主会场山西综改示范区萧河新城开幕。这是山西省第十二次党代会刚刚结束召开的庆典，这是山西省为落实省第十二次党代会精神的一次具体行动。山西省委书记林武、山西省长蓝佛安等领导同志出席这个盛典。建伟、才志与我一起，陪同林武书记、蓝佛安省长参观介绍，建伟在开工奠基仪式上作了精彩的讲话。

以中来股份16GW高效电池智能工厂为核心，联合并带动硅料、晶硅、切片、电池、电池组件、光伏发电主力厂商的投资，形成一个完整的光伏产业链的聚集。这个光伏产业链的投资将超过千亿，未来发展无限可能，成为山西实现煤炭能源向新能源的历史性转型的关键一役，目前相关投资已经开始落地，千亿级光伏产业链正在形成。

早在今年5月，中来股份林建伟董事长就与山西综改示范区达成了共同建设光伏新能源上下游产业的共识，签署并启动了"年产16GW高效单晶电池智能工厂项目"（以下简称"智能项目"）的战略合作协议。项目投资约56亿元，总规划面积609亩，分为两期建设，一期项目已于今年7月开工，从签约、程序审批到开工建设都以'综改速度'为目标。

林建伟多次谈到，山西能源转型不仅要依靠本土企业的力量，同时还要引入外来"活水"，引进外省优秀企业，带动经济变革，逐步走出一条符合能源发展趋势、具有地方特色的能源转型发展之路。

山西综改示范区管委会主任刘锋介绍，综改区打造千亿级光伏产业链集群，必将开启山西光伏产业发展的新篇章，也将为全国的光伏产业发展带来积极影响，为全世界的新能源建设做出应有贡献。未来，综改区将利用"技术高地""成本洼地"优势，形成"发展宝地"，构建具备核心竞争力的光伏产业集群。

撬动庞大的产业链，需要有核心企业的带动。核心企业具有承前启后、承上启下的优势，处在产业链的中心与中间环节，具有纲举目张的作用。中来的N型双面电池一直是光伏电池的领军者，具有技术优势与号召力，成为山西综改区千亿光伏产业链的核心企业。

撬动庞大的产业链，需要有企业家巨大的魄力、胸怀与智慧。或许，中来还在发展中，人们对中来的认识还有过程，现在企业规模还不大，市值还不够高，但这并不影响中来的决心，不影响建伟的大作为。作为优秀的企业家，建伟有远大的家国情怀，具有优秀企业家的卓越智慧与胆略，从而勇敢地迈出这一步，真诚联合光伏上下游企业一起来太原投资，一起在山西综改区发展，发挥各自优势，汇聚成产业的巨大合力，打造千亿级光伏产业链，而不是试图自身实现产业链，这种做法要有情怀、要有胸怀、要有智慧，否则无法实现。

撬动庞大的产业链,要有政府与开发区的坚定决心与资源的最优配置。山西省委、省政府对这个项目高度重视,山西综改区紧紧把握这一历史性机会,果断抓住产业龙头,制定一系列优惠政策,实现在综改区资源的最优配置与平衡,为推动千亿级光伏产业链的投资创造了最好的条件,使山西综改区成为后来者居上的典范。

我们正步入双碳经济的新时代,新的时代需要新的产业,新的时代需要新的思路,新的时代需要新的作为,而建伟带领中来股份在山西综改区撬动千亿光伏产业链的成功实践,给我们上了生动的一课。

2021 年 10 月 30 日

人说山西好风光

昨晚由成都飞抵太原时,已经是晚上八点多了,建伟与新能源界的朋友们很热心,在太原山西会馆(许坦西街店)设宴欢迎我,我、才志、义桃等项目组的部分同志出席这个晚宴。

在晚宴上,我遇到了不少新能源界的老朋友,也相识了不少新能源界的新朋友,大家畅谈过去的友谊,但更多的是讨论下一步共同合作的机会,情绪热烈,不断把晚会气氛推向新高潮,大家一起唱起了山西的民歌《人说山西好风光》《走西口》等,唱起了新能源的歌曲,歌声拉近了大家的距离。有些朋友尽管是初次见面,但仿佛已是老朋友,而连接我们的纽带是大家在太原共同的新能源事业,而歌声则是加快了大家情感的融合。

山西,是一块具有悠久文明历史的地方。这里是中华文明的发源地,远古时代,山西南部是人类初曙的发源地。运城垣曲县"世纪曙猿"化石的发现,把类人猿出现的时间向前推进了1000万年。临汾襄汾县陶寺遗址的研究结果表明,这里是帝尧都城的所在地,中华5000年文明史由此得到证实。

山西,是个自然风光秀丽的地方。歌曲《人说山西好风光》里把山西的好风光唱得淋漓尽致,现转引如下:

人说山西好风光

电影《我们村里的年轻人》插曲

歌手：郭兰英，作曲：张棣昌，作词：乔羽

"人说山西好风光，地肥水美五谷香。左手一指太行山，右手一指是吕梁。站在那高处，望上一望，你看那汾河的水呀，哗啦啦啦流过我的小村旁。

杏花村里开杏花，儿女正当好年华，男儿不怕千般苦。女儿能绣万种花，人有那志气永不老，你看那白发的婆婆，挺起那腰板也像十七八。"

山西，是城市转型的重大市场。山西，正面临着产业转型的巨大机会，也经历着产业转型的阵痛，我们有幸参加到转型的过程中来，在关键的千亿级光伏产业链上承担服务，成为山西转型的一方力量，而且服务的机会在不断增加中。我相信，经过转型后的山西，必将更好地焕发出新的生命活力，历史文化必将更加灿烂，革命传统必将发扬光大，自然风光也必定更加美丽。

2005年"五一"节，我们曾经与友人一起游览了山西的一些主要景点，山西美丽的自然风光给我们留下了深刻的印象，那次愉快的旅行至今都无法忘怀。不久的将来，我希望有机会重游这些美丽的景点。

山西，是我们发展的未来。随着千亿光伏产业链的落地，山西与太原对我们越来越重要，从中电科的碳化硅项目到中来16GW高效电池的设计总包，我们在山西与太原的路子越来越宽，而昨晚的美好与快乐将永远留在我们的记忆中。

2021年10月30日

又是一个 24 小时

昨晚 8：30 分抵达太原，今天晚上 8：30 离开太原，整整 24 小时。

已经有很久没有来太原了，上次还是因碳化硅项目来到太原，一晃快 3 年了，时间过得真快。

24 小时，感受到太原的巨大变化。这几年太原的城市建设日新月异，一幢幢大楼拔地而起，城市绿化也非常好，整个城市欣欣向荣，充满活力。

24 小时，感受到光伏产业链的威力。以中来股份 16GW 高效光伏电池智能工厂项目为核心的千亿级的光伏产业链，随着这个核心项目的落地，千亿级光伏产业链的形成正在开始逐步由梦想变成现实。一批投资规模更大的上下游企业将正式入驻山西综改区。产业链的竞争优势是无法比拟的，产业链的强大是无法战胜的，产业链的诱惑是无法阻挡的，产业链的互补推动着企业高质量的发展。山西综改区在光伏发展上聚焦发力，集中资源，举全省之力，高起点发展，一跃而上，走在了全国的前面，成为人们可以仿效的样板，为山西由资源型产业向新兴战略型产业成功转型找到了一条阳光大道。

24 小时，荡漾着歌声的快乐。24 小时内，相遇老朋友，结交新朋友，歌声始终是连接的纽带，快乐的夜晚里，歌声留下我们美好的记忆。综政区内千亿级光伏产业链把我们紧紧连在一起，以后常来太原，以后我们常聚太原，为双碳经济发展做出贡献，迈出实际步伐。

24 小时，连轴转。车上打盹就是最好的休息，旅途成安静的港湾；24 小时，生活得充实，安排得紧凑，工作得高效，硕果累累；24 小时，感悟出来多走走的重要，体会到外面的世界很精彩，外面的世界就是新的市场。

24 小时，见证由不可能变为可能。24 小时，感受发展带来的机会与活力；24 小时，感受友情的可贵；24 小时，体会生命的价值在于创造；24 小时，是生命中难忘的一天。

2021 年 10 月 30 日

目标与计划

做一些大事，需要集中精力、集中时间、集中资源，才能把事情做成、做好。而制定目标与计划，则是最为重要的，是有效行动与做成事的保证。

目标与计划，是我们做事的先导。"凡事预则立，不预则废"，没有目标，缺乏计划，总体上没有策划，没有行动的纲领，失去行进目标的队伍，是不容易成功的。

目标与计划，是指引我们前进的方向。有了目标，就有了方向，而有了计划，就是将目标进行了分解，使实现这些目标成为可能，目标也就不会成为空中楼阁，成为雾里看花，成为水中捞月，可望而不可即。

目标与计划，是整合资源与聚焦力量的纲。资源的整合，力量的聚焦，都有一个方向与目标的问题，有了目标与计划，为整合资源与聚焦目标创造了条件，指明了方向，为成功开辟了胜利的通道。纲举目张，抓住制定目标与计划这个纲，围绕这个中心开展工作，一切问题就容易迎刃而解。

目标与计划，是鼓舞我们前行的动力。宏图的描绘，前景的展望，给人们胜利的信心，光明灿烂的前景就成了鼓舞人们前行的强大动力。

目标与计划，是考核、监督与检查人们行为的依据。有了目标与计划，人的行动就不容易偏离方向，工作、学习、创作与研究就容易出成果，效率就更高。长期坚持必定能出成果，而这些成果的不断累积，就会推动事业上一系列的突破，丰硕的成果让你体会到目标与计划的巨大力量，从而在实践中处处运用这一成功的方法。

2021 年 11 月 1 日

江南美

秋天里,来到江南,江南大地充满朝气与活力,透出勃勃生机,江南风光无限,格外美丽。

江南的风光,是山水风光。山水风光是美丽江南的主体,这是一种自然的风光。水,是江南的生命;山,是江南的象征。山水相依,山水相连,山水起伏,山与水构成了美丽江南的图画。这是生命的旋律,这是自然的恩赐,这是美的组合,这是千年不变的美丽。湖水清澈,山泉涌流,江南湖光山色美;小桥流水,古镇新貌,江南古镇充满活力;江南城市,夜色美丽,霓虹灯闪耀,城市夜色美如画,夜幕下的江南,静寂一片,似世外桃源,安静无比,这是难得的享受。

江南的风光,是阳光照耀下的世界。一轮朝霞喷薄而出,照亮江南大地,在阳光照耀下,城市建筑熠熠生辉,美丽乡村成独特一景,城乡处处充满活力。晚霞夕阳红,照在湖面,落日余晖,是最美的晚霞,美丽江南胜似天堂。

江南的风光,是多彩的世界。放眼望去,江南大地熠熠生辉,到处是绿色的世界,到处是盛开的鲜花,到处是丰收的喜悦,到处是瓜果的芬香,到处是缤纷多彩的景色。江南是最美的图画,是多彩的世界。

江南的风光，是蓬勃的生命。美丽江南美如画，城市建设日新月异，经济充满蓬勃活力，到处是生命的赞歌，到处是飞扬的青春，到处是创新的活力，到处是发展的机会，到处是新的浪潮，到处有温暖的回忆，到处有美丽的风景。

2021 年 11 月 1 日

夜游荣巷

荣巷是无锡市的一条老巷，现在的荣巷街区是老荣巷的扩大，横跨了多个区，面积22.3平方公里。在这条老巷里，深烙着中国民族工业先驱留下的足迹，原国家副主席荣毅仁就出生在这里。

今晚，朋友们请我们来到荣巷一聚。漫步在夜色中的荣巷，这里是历史的陈迹，这里是安静的街区。这里没有成都街头的熙攘，也没有成都酒吧的喧闹，但有一份特有的宁静，有一种历史的厚重，人在宁静中让思绪回到过去。

热闹与安静，熙攘与冷清，始终是一对矛盾。人们在热闹时喜欢安静，在熙攘中又寻找冷清，这种情感总是不断地交替变换，缺一不可。没有热闹，只有冷清，就会变得孤单而没有快乐。但只有热闹，而没有安静的环境，也无法冷静思考未来，无法享受另外一种孤独的美丽。

历史总是不断发展，历史也总是不断重演着过去，当年荣氏家族创造的辉煌，是无锡的荣光，是中国民族产业的勃兴，而今天无锡持续进行的产业强市，在经历五年黄金期后，继承人将高举产业大旗，这面旗帜将继续艳丽，这面旗帜将继续高举，这面旗帜将更加辉煌，因为无锡产业有着百年产业的强大基因，今晚在荣巷找到了答案，找到了无锡产业的深厚根基。

2021年11月1日

精神变物质

我们召开的天津经营峰会，在 10 月 24 日拉下帷幕，300 多名从外地来到天津参会的干部，回到各自的工作岗位，似乎一切回归平静。也有人在议论，是否有必要花这么大成本来开这样的会，视频不就解决问题了，视频也会达到同样的效果。

回答是对天津经营峰会的肯定，特别是天津经营峰会上提出的"市场的狼性、服务的诚信、做人的善性"得到全体干部的高度一致认可，正在成为十一科技人行为的准则，正在成为干部们在市场上力争先锋的强大动力。

仅仅十天，捷报频传。在峰会精神的鼓舞下，十一科技健儿在市场上奋勇争先，斗志飞扬，气势如虹，各地捷报飞舞，我们赢得并逆转了不少重要项目，经营形势进一步好转，市场前景令人鼓舞。现在看来，我们的会议成本与我们十天来取得的成果相比，实在不值得一提，而以后持续产生的效果，更会凸显天津经营峰会的宝贵价值。

仅仅十天，面貌大变。这说明精神可以变物质。天津经营峰会确立的"市场的狼性、服务的诚信、做人的善性"原则正在被全体干部迅速接受，院的经营面貌正在迅速改变，院的经营策略正在发生重大调整，这些调整预示着十一科技将赢得更大的市场空间。

仅仅十天，状态一新。1956年11月15日，毛主席在中国共产党第八届中央委员会第二次全体会议上说，"人是要有一点精神的"。过去革命战争的胜利，靠的是远大理想与一往无前的勇敢精神，今天我们在国内外市场竞争中获胜，同样需要这种精神。

仅仅十天，新的气象。这说明在干部中蕴藏着巨大的潜能，领导者的责任就是要引导、发现、挖掘、激发这种潜能，将这种潜能变成更大的市场竞争力。

精神的昂扬，需要鼓动；共识的形成，需要交流；信心的增强，需要激励；发展的提速，需要协力；机会的拼抢，需要斗志。

没有昂扬的精神，一切造势、顺势、用势都无从谈起，没有奋发的状态，一切胜利都无从谈起，而精神上的激励，是领导者最重要的工作，否则会因此付出更加昂贵的成本。

如果我们什么都不想干，什么也不肯付出，那我们又如何拥有美好的未来呢？

2021年11月2日

丹桂飘香的日子

今天中午,接待远方的客人,我们来到了曾经熟悉的吴韵雅居,进入吴韵雅居时,一阵阵丹桂飘香扑面而来,沁人心脾。今年天气热,秋天去得迟,冬天来得晚,因此现在都还能闻到丹桂飘香,比去年整整迟了一个月左右。

无锡最好的季节有两个,一个是秋天,一个是春天。在秋天,无锡桂花飘香,硕果累累,到处是丰收的喜悦,到处是秋天的童话;在春天,鼋头渚樱花盛开,万人齐拥赏花来,万紫千红,万物复苏,充满勃勃生机,到处是春的暖意。

丹桂飘香的日子,仍然是秋的季节。虽然秋风落叶,寒风乍起,但鼋头渚仍然秋色迷人,充满暖意。即将开幕的第十三届中国(无锡)国际新能源大会暨展览会,将吸引来自全国各地的光伏界大咖与一大批光伏骨干企业,他们在无锡论剑,剑指碳排放,为实现双碳经济目标而献计献策。

丹桂飘香的日子,是收获的季节。新能源的十年转型,为我们赢得了宝贵的时间,抢得了先机,我们在转型的道路上获得重大突破,而天津经营峰会的召开,则为抢占这一机会统一了思想、发出了新的动员令。秋天里再出发,再出发硕果累累,再出发豪情满怀。

丹桂飘香的日子,是冬天到来的预示。到了冬天,春天就不远了,时间就是这么快速地交替,一切在不知不觉中进行。无锡的春天,是最美的日子,到处是草长莺飞,到处是蓬勃的生机,到处是烂漫的鲜花。春天里,无锡鼋头渚樱花盛开,万人相拥赏花,盛景将再现。

丹桂飘香的日子,是思念的日子。时光飞逝,老友重逢,新友相识,都是高兴事,都是牵挂情。岁月无情,人间有爱,愿心中永远是美好的记忆。

2021年11月2日

管｜理｜随｜笔 ⑦

落日余晖，是最美的晚霞

昨天下午，我们一行访问位于常熟沙家浜的中利集团总部，亲切拜访了中利集团董事局王柏兴主席以及陈波瀚、腾辉光伏董曙光总裁等，双方就深化合作达成了一系列共识，然后在王主席的陪同下，我们一行来到离中利集团总部不远的中利农业生态园。

这时，一轮晚霞透出万丈光芒，落日余晖闪现最美晚霞，晚霞照亮中利农业生态园，照亮光伏农业大棚，照亮渔业大棚，照亮蔬菜大棚，光伏与农业相得益彰，光伏与农业共同发展，在这里得到验证。

探索在农业光伏方面新的发展路径，是实现双碳经济的重要路径，如何把一些边角土地充分利用起来，是解决光伏用地严重不足的必然选择，这方面中利进行了前瞻性的探索，在成功的道路上迈出了关键性的一步。

充分利用阳光，充分利用边角土地，不影响农业庄稼的产量，增加农民收入，扩大光伏发电的用地面积，实现多赢，是一项功在当代、利在千秋的探索，这方面需要各方达成共识，需要社会的共同行动。

柏兴王主席说，万物生长靠太阳是没有错的，但在7—8月的烈日下，光伏棚挡住了烈日，反而更有利于水稻的生长。光伏大棚对自然灾害也是个遮挡，也不影响机械化收割，同时也容易实现灌溉的自动化。

太阳已经落山，但余晖仍在，彤红的余晖放射出美丽的光芒，这光芒是阳光的告别，这光芒是阳光的问候，这光芒永远定格在这美丽的瞬间，留在我们美好的记忆中。

太阳已经落山，但新的太阳很快就会升起，太阳每天都是新的，充分利用太阳能，实现以新能源为主的发电，是我们面前最紧迫的任务，也是最崇高、最神圣的使命。

2021年11月3日

管│理│随│笔 ❼

风云突变

原本今天上午开幕的第十三届中国（无锡）国际新能源大会暨展览会，由于突然而至的疫情原因，根据防疫的要求，改变了会议的形式，成了"无观众＋线上"模式，参观展览也只让专业人士进入，取消或推迟了一系列活动，其中包括准备已久的碳中和文艺晚会等，会议出席人员有限制，这样我就无法出席大会。

突然而至的变化，打乱了人们原来的安排。原先的安排必须改变，我把在开幕式的大会致辞改为视频致辞，原先出席的一系列活动，也都随之取消。这让人有些措手不及，特别是无法到现场看看这次展览，看看今年展馆规模的扩大，看看十一科技的展台，缺席第十三届中国（无锡）国际新能源大会暨展览会的系列活动，这些是我无法弥补的遗憾。但理解万岁，抗疫第一，市领导专门来电话说明情况，心中疑云顿失。一切可以重来，我们有太多的机会，等着下一次吧。

突然而至的变化，使一切计划泡汤。这次大会，我们助力组委会进行了一系列推动与准备，特别是碳中和文艺晚会，更是花力甚大，从演出时间、地点、内容、演员阵容、演出排演、节目单、审批程序、资金筹集、演出直况多形式的直播、演员来回日程安排接待等，都进行了一系列精心策划与安排，现在只有通知推迟，成都来无锡的很多演职人员因此被止步。被推迟了的还有"新能源杯"散文诗大赛与摄影作品比赛颁奖等。这些活动的推迟，使多少人的的梦想无法实现，很多计划因此落空或推迟。

  突然而至的变化，改变不了我们热爱新能源的决心。疫情是短期的，而且越来越可控，新能源正以蓬勃的生命力向前发展，其势猛也，其势虹也，其势不可当也。正在英国格拉斯哥召开的全球COP26会议，进一步凝聚了各国在全球控制气温上升的共识，习近平总书记在大会的重要讲话为全球指明了新能源发展的方向，是我们在新能源的新的行动纲领。

  突然而至的变化，挡不住春天的脚步。走过冬天，就是春天。让我们在春天再来无锡，那时的山，那时的水，那时的无锡一定更加美丽。鼋头渚的樱花谷是中国最大的樱花谷，万人相拥赏花来，樱花年年开不败，这个最美的樱花时节，大家千万别错过，这个最美的景，大家一定得来无锡看。

2021年11月4日

管│理│随│笔 ❼

在有效管控中赢得自由

新冠肺炎病毒的流行传播已经快两年了，两年来一切办法也都想过了，一切办法也都试过了，虽然成效巨大，但似乎终点又回到起点，到现在才发现新冠肺炎这个病毒可能要较长时期与人类共存，新冠可能无法彻底绝种。

新冠肺炎病毒是迄今为止人类遇到的传播面最大、杀伤力最大的流行病毒，到现在全球已有近 2.5 亿人被确诊。死亡人数达 500 万人，死亡率约为 2%，美国在这两项指标中均居第一，新冠肺炎确诊人数 4700 万人，新冠肺炎死亡人数 77 万人。

无法绝种，是因为直到现在也无法真正溯源。政治观点不同，价值观的相悖，使很多正常的学术研究无法正常进行下去，对新冠肺炎的病毒溯源也成为一种信仰之争。既然无法真正溯源，那么对病毒的机理与产生就无法达成共识，全球性的应对措施也就无法形成。

无法绝种，是全球性气候转暖趋势无法遏止。一些著名科学家认为，显著转暖致是病毒变异，是产生新冠肺炎的主因。在全球性气候明显转暖的情况下，维系地球生命的生态产业链正在被逐步打破，生物多样性正在被破坏，各种极端现象出现，各种病毒的变异也成为常态化。或许，溯源永远不会有结果，因为各国都有可能产生新冠肺炎病毒的土壤与环境，虽然有差异，但其根源是一致的。

无法绝种，是因为经济发展的不平衡，很多发展中国家人民生活差，卫生条件落后，没有最基本的保障。病毒都是在恶劣的卫生环境条件下产生与变异的，很多非洲国家连生存都很困难，就无法在卫生与医疗条件方面得到基本保障，一旦发生新冠肺炎传播，就会有极大的感染能力，杀伤力极大。在西方人群中，特别是美国的各级养老院，国家投入有限，社会关怀冷漠，一旦传播开，也成为无人关怀的重灾区。

无法绝种，是因为世界是开放的，谁也无法阻挡。开放的世界，谁也无法人为隔离，这个世界你中有我，我中有你，谁也离不开谁。关闭了国门，虽然能有效阻断病毒传播，但也会因此被世界孤立，彼此无法正常交流，彼此无法正常往来，彼此无法正常沟通，游离之外，这条路也是走不通的。

无法绝种，是因为到现在为止，还没有找到一种最好的疫苗。这种疫苗应该是全球共认的、最有效的、没有后遗症的、全世界人民都能打得起的疫苗，显然，现在的疫苗还都不具备这个条件，开发与寻找这种疫苗还将是一个很长的过程。

既然无法使新冠肺炎病毒绝种，那么在现今条件下在确保人们健康的情况下，如何与新冠肺炎共存，成为人们的一个必然选择。

实行健康通行证：健康通行证应包括疫苗证、核酸检测证、体温等，并与新冠肺炎确诊者没有交集，这种情况下，健康通行证者应当能自由出入各种商场、会议、会展、集会、庆典、宾馆、餐厅、酒吧等公共场所，应当能自由乘坐飞机、高铁、地铁、公共汽车等各种公共交通，方便其旅行。

实行健康措施：在实行健康通行证后，仍然需要有一系列措施，比如坚持在公共场所一律佩戴口罩的措施，保持社交距离的措施，保持公共场所良好通风的措施，保持严格而卫生的习惯等，这些仍然是必要的。

如果我们既坚持有效管控的办法，又实行有条件开放的措施，那么我们从根本上就争取到了在有效管控中实现自由，在自由中实现有效管控，确保我们的经济活动与正常生活不受影响，确保疫情对人们正常工作与生活的影响降低到最低限度，从而为人类从根本上找到防治新冠肺炎的有效疫苗与办法争取到足够的时间，为人类最终战胜病毒做出贡献。

2021 年 11 月 4 日

远方的祝福

虽然我已经在今天凌晨回到成都，不能亲临第十三届中国（无锡）国际新能源大会暨展览会开幕会的现场，但是从无锡现场不断发回的新闻与照片看，这次会议在疫情防控的情况下，正常进行了大会开幕式，虽然参加巡馆的现场领导与场面不如往年，但参展单位更多了，而且展览会上新技术与新产品也更多了，通过线上的直播，影响面还是很大的。

无锡，是公认的中国新能源会展第二大展览地，是中国新能源最早的发源地，这一次小刚书记又从新雄主任手里接过"碳中和证书"的匾牌，这是无锡在新能源再出发的光荣起点，是迈向碳中和城市的新开始。

无锡，在新能源方面有着坚实的基础，但也面临其他城市的挑战。如何充分利用无锡新能源会展搭建的平台优势，加快无锡新能源发展，是无锡面临的新机会与新挑战。在高起点上再超越，在产业链上再发力，这是无锡新能源实现弯道超车的关键，而比这个更关键的是无锡上下对加快发展新能源的新共识。

起步早，不一定赶得上早集；立志干，要有"每一天都很重要，每一刻都很关键"的奋勇争先的精神，才能成就大事。站在进入双碳经济时代的起点，重新布局无锡宏大的光伏产业链，重新思考无锡新能源的未来,这是无锡的新机会,也是无锡面临的新考验。无锡有着天时、地利、人和的优势,而新能源会展则是一个最好的平台、最好的机会、最好的窗口。

2021 年 11 月 4 日

音乐声声歌常在

《樱花美》音乐专碟日前已由新华文轩出版社正式向全国发行，百度、QQ音乐等著名平台均能搜索到。同日，由我与彭涛老师合著的《原创音乐歌曲背后的故事》（二）由《散文诗世界》编辑出版。

这是继我与彭涛老师第一张碟《心声》（28首原创歌曲）在6月6日首发后的第二张音乐专碟（14首歌），扣去重复的，两张碟共有38首原创歌曲。而《原创音乐背后的故事》（二）则是我与彭涛老师合作的第二本书，其中有我们就每首歌的创作背景进行的说明，这对大家理解每首歌的真实创作背景是很有益处的。

每一首诗与歌的产生，都是作者在特定背景下、某种情感的真实抒发，是作者在特定情况下情感的真实流露，古往今来，概莫能外。不了解其创作背景，只知道背诵文字或者只会歌唱，还不能真正理解与把握这些诗与歌的真实内含，发表的这些文字是对音乐歌曲的注解，是音乐歌曲的延伸，是音乐歌曲力量的扩展，有助于大家对我们创作的这些音乐歌曲的理解。而这些文字解说，本身也是

这是作者为《樱花美》专碟与《原创音乐歌曲背后的故事》（二）出版发行之际写的序

音乐歌曲艺术的一部分，成为一种独特的音乐文艺作品，结集后受到大家的热烈欢迎，这表明我们在音乐文学作品上已经开始开辟新的道路。

我与彭涛老师相约，在我们第三张音乐歌曲专碟《西域情歌》首发时，我们将正式出版《音乐故事》，同时加入著名音乐评论家刘铭老师为这些歌曲专写的音乐评论文章，《音乐故事》将把已经发的三张专碟共51首歌曲的创作背后的故事汇集在一起形成精装本。

CCTV-3、CCTV-15曾先后播出了我们原创的38首歌中的四首，它们是《小宝宝》《老伴》《妈妈》《草原之旅》，有些歌是多次播出。这些歌曲在全国的广泛播发，是对我们音乐创作的充分肯定，是对我们的巨大鼓舞，这增强了我们的创作信心。

衷心感谢彭涛老师，他作为著名音乐家有永不枯竭的创作灵感，这么多歌曲出自于一个作曲家，风格又如此多样，旋律又是如此优美，这是一件多么不可思议的事。

感谢钟丽燕老师与川内杰出的歌唱家，感谢乐涛风潮，感谢在成老师、进飞老师、荣明董事长等高效的创作团队，感谢小平作为音乐策划而做的努力，感谢刘铭老师的精彩点评，感谢新华文轩出版社为推动出版而花费的努力，同时感谢宓月主编与《散文诗世界》编辑部曾真、何璐同志为编辑《原创音乐背后的故事》（一、二）而做的不懈努力。

我们将继续努力，在大家的高度信任与全力支持下，以高质量的水平创作出版我们的第三张音乐歌曲专碟《西域情歌》，这是更浓的情结，这是更高的视野，这是更美的旋律，《西域情歌》组成的时代优美旋律，一定会得到更多人的喜爱。

　　"江山代有才人出，各领风骚数百年"，新的时代，需要新的诗篇；新的时代，需要新的歌声。我们在继承的基础上要有所突破、有所创新、有所作为，否则我们怎么对得起这伟大的时代呢？

2021 年 11 月 5 日

重任在肩，使命担当

今天看到一则新闻，是科学家、北京师范大学－香港浸会大学联合国际学院（英文简称：UIC）校长、2017年当选中科院院士的计算数学家汤涛的谈话，汤涛说：

"在中国遭遇软件技术封锁的情况下，'卡脖子'问题最底层的困难还是人才的缺乏，尤其是数学人才的缺乏。想要科技强国，必须要有数学支撑。

解决'卡脖子'问题不只是喊口号，科研和技术的迭代需要机制。光靠热情和资本远远不够，要研究如何建立长期的、稳定的团队。

资本都希望的1～2年出产品，3～6年资本市场IPO，对已经被'卡脖子'的项目，是不现实的。所以，资本不要过分涉足某些技术研发领域。"

看了汤涛院士的谈话以后，我觉得讲得非常有道理，现在很多资本与基金都是快速逐利，上市或赢利时就大撤，每一次都给股市带来动荡。如果是一般基金，无可厚非，但如果要支持"卡脖子"行业的突破，则必须是战略性基金的长期行为。

作为突破"卡脖子"的技术，需要多方面领域人才长时期的协作攻关，需要的人才有数学的、物理的、化学的、装备的、材料的、工艺的、专业的等等，这里涉及很多基础性的研究。有些突破性的成果只能来自大学的实验室，对大学基础性研究人才与实验室的支持不能是短期的，恐怕也是不能要求在经济上回报的，国家财政应当全力支的。

对"卡脖子"行业，国家应分领域设战略性基金介入，长期持有，这对于持续稳定地进行"卡脖子"行业的研究突破，意义重大。美国的贝莱德集团（黑岩）是全球最大的资产管理公司，直到现在都是台积电、三星、英特尔等重要公司的单一最大股东，美国的投资基金也控制了著名的半导体设备供应商 ASML，这样美国对这些影响全球的半导体公司就有了足够的话语权。美国想制裁谁就能制裁谁，这与美国掌握与控制的资源有关，但这些美国资本长期投资，一直坚守，可谓"使命担当"。

因此，在"卡脖子"的领域树立长期的战略思想，用不以盈利为目的的战略性基金长期支持并持有，联合各领域人才协同作战，长期坚持，假以时日，我们就一定能逐步取得突破，在"卡脖子"领域取得真正的主动权。

2021 年 11 月 5 日

学不了，拿不走，自己有

我在 2021 年 10 月 23 日天津经营峰会的大会上，向全院正式提出"市场的狼性、服务的诚信、做人的善性"的号召后，院很多干部担心公开发表后让别人学去，我告诉他们，别担心，这套东西是我们十一科技自身发展的实践总结，别人"学不了，拿不走，自己有"。

"市场的狼性"或许可以学，也比较容易学。虽然方法不一样，策划也不尽相同，但本质是相同的，都是在市场上拼抢，都知道没有市场就没有一切，因此都会重视市场。

"服务的诚信"就不容易了。第一，服务的诚信是骨子里的信念，并不是每个人都有这样的品质；第二，服务的诚信，更多的是体现在团队每一个成员的服务上，团队是支持诚信理念的基础。诚信原则反映在团队的文化与价值理念上，如果没有长期的培养，没有稳定而强大的团队，人才只是频繁流动而不能稳定，当然是无法贯彻这些文化理念的，是根本无法践行诚信原则的，真可谓"冰冻三尺，非一日之寒"；第三，实力是支持诚信原则的保证。支持服务诚信的保证是企业强大的资源、实力与资金。重大项目的技术难、合同变化多、实施周期长、协调的关系多、环境因素复杂、可能出现的合同纠纷多，确保实现合同的质量、工期、安全与投资控制并非易事，没有强大的实力与团队支撑，没有充分的诚意与耐心，是无法进行下去的。十一科技 5000 多人的稳定而强大的团队、充满幸福自豪感的稳定团队、一诺千金的铮铮誓言、日渐庞大的营收规模、全院一盘棋一体化的原则、雄厚的资金实力与健康的盈利能力，是践行十一科技核心价值观与遵守合同承诺的强大保证。

"做人的善性"则更难了。做人的善心很多是天生的，后天只能改变其表面，是否与人为善是在长期的实践中表现出来的，决非一朝一夕。处处为人着想，也决非一日之功。十一科技为中国重要城市一系列重大招商引资的成功与长期坚持的光伏扶贫、为社会持续的奉献回报，堪称是与人为善的典范。

因此，我们决不担心别人学我们，就像我们现在也学不了华为最宝贵的精神一样。尽管华为不断公布其新的行动纲领，公布五大军团的行动路线，但华为伟大的精神产生于华为这片神奇的土壤，这片土壤是任正非这位非凡的英雄人物长期精心培育的，在中国是独一无二的，我们只能看而学不到手，摸不着边，因为我们没有这片神圣的土壤，没有这种精神，我们对华为，充满敬仰，只有学习。

十一科技提出"市场的狼性、服务的诚信、做人的善性"，作为十一科技人行为的准则，提供了奋斗的方向，这并不是说我们所有人都做到了。恰恰相反，我们需要达成共识，需要加快往这个方向与目标努力，需要更快地向这个目标靠拢，只有当我们真正做到了这个准则，十一科技真正强大的时代才能到临。

2021 年 11 月 6 日

管 | 理 | 随 | 笔 ❼

你方唱罢我登场

随着双碳经济的正式来临，新能源行业发展的方向越来越明确，发展机会越来越多，竞争与合作也越来越重要。

最近看到很多新闻，新能源界的大佬们动作频频，相互参股，抱团取暖，合作加快，形成了新一轮波澜壮阔的新能源发展格局。

合作的重要性，是因为任何企业，无论多么强大，都难以在全产业链上保证全盛优势，这就需要彼此间的合作。而且过长的产业链，一旦产业发生风吹草动，出现政策性的变化，或出现技术性的重大变革，调整起来就因产业链过长、过分沉重而陷入被动。

参股的重要性，也同样重要。既然不能在全产业链上都占优，那么通过以资本为纽带，相互参股，一起绑定，抱团取暖，一起发展，成了最佳的选择。对于参股方，在产业的上下游通过投资的方式成为股东，延伸了产业链，优先保障获得资源配给，尤其在当下硅料供给紧缺的情况下，通过参股得到了保证。对于控股方，吸引上下游企业参股，可减轻投资的压力，分散投资风险，延伸了产品的市场，这些都是双赢的结果。

无论是强强联合，或是强弱联合，或是弱弱联合，最终都是提升了竞争力。通过联合，扩大了市场，加快了光伏企业转型的步伐，实现了产业链的竞争优势。

而被排斥在产业链之外的企业，或被冷落在合作外的那些企业，则面临更加严峻的市场考验，需要寻求新的方式，否则会被动。因为市场是以资本为纽带、以需求为导向的，市场经济是一场无情而残酷的竞争，如果不能占优，就很难取胜。

你方唱罢我登场。起了个大早，未必能赶上早集，但起得很晚，一般难赶上早集。市场没有永远的赢家，最终的赢家永远是在每一个阶段都能把握机会并都能突破与引领关键技术的企业。对后来者说，虽然机会已经不多，但毕竟还有。

2021年11月6日

风雨交加的日子

今天是立冬的日子，成都的天气很冷，只有7摄氏度，陡然降温，真的一下子进入了冬天。寒冷中还有雨，真可谓风雨交加，再加上全市人民一起防疫抗疫，街道冷清，商店无人，行人稀少，一片萧瑟，给寒冷中的成都增添了丝丝冷意。而观全国，特别是北方，从新闻报道与朋友们发来的图片看，更是千里冰封，万里雪飘，望长城内外，风雪交加，疫情与风雪的双重作用，一时"寒"流滚滚，让人顿感孤独与无奈，原来人是这么的脆弱。

寒冷中，锻炼身体是个好机会。一天中有多次与太太漫步，走步道，逛街道，万步以上的记录，把寒冷去除，换来一身热气。在寒冷中，独步室外，在冷清中眼观世界，是另外一种感受，平时喧闹的街道，由于疫情与天气寒冷，一下子变得冷清了很多。

寒冷中，读书是个好机会。来到家旁边的书店，书店里很冷清，坐下来，静下心看看书，临走时一下子买了四本书，第一本是（清代）上疆村民编、姚敏译注的《宋词三百首》，第二本是李骏虎著的《经典的背景》，第三本、第四本都是王晨编的《苏轼的诗词人生》《辛弃疾的诗词人生》，显然只能粗翻一下，只有买下来再仔细读，现在总的是读得太少。在读书之余，整理手中的稿件，明确下一步的方向，这点也很重要。

寒冷中，心系项目进展。与多地、多部门、多处通电话，推动项目进展，一手抓防疫，一手促生产，这两年来一直也是这样抓的，只有这样才能做到防疫的常态化、发展的常态化。现在看来进入了冬季，防疫的任务会加重，出差受到的限制会更多，既要考虑出发地，又要考虑目的地，如何穿插安排好，是一个必须解决好的问题。

寒冷中，远在上海的孙辈们的亲切问候，让我们感到温暖。小孙女赵凌萱今天参加上海体院综合馆重剑比赛，在"少年论剑"长三角青少年击剑公开赛中荣获2021年上海体育联赛U8女子重剑赛第三名的好成绩。击剑比赛培养勇敢精神，也需要智慧，而她比较全面发展，祝她不断成长进步。

寒冷，是一种孤单，也是一种考验；寒冷，是一种挑战，也是一种思念；寒冷，是一种静寂，也是一种忙碌。

2021年11月7日

管 | 理 | 随 | 笔 ❼

时光匆匆

疫情的肆虐,让我们无法离开成都,无法正常出差,而"时空伴随"的新概念,更是无法让人们接近,人们唯一的企盼就是如何早点回到低风险区,这样就可以正常地生活,正常地开展生产经营活动。至于全球内结束新冠,则无此奢望。由于东西方价值观存在巨大差异,无法在抗疫与病毒溯源上取得一致,只有根据各国国情各显神通了。两年过去了,新冠肺炎疫情也没有见到减轻,新冠肺炎确诊人数持续增加,已达 2.51 亿人,死亡人数已超过 500 万人。中国风景独好,以抗疫巨大胜利名震全球。

疫情形势严峻时,工作与生活反而简单了,办公室与家成为笔直一线,来去便捷,接待简化,省出多少宝贵时间。电话成问候的工具,微信视频成见面方式,拉近时空,缩短距离,万水千山之隔,天涯海角之远,犹如在身旁一般。

时光匆匆,一天又一天。早起暮归,日复一天,虽然没有出差时那样忙碌,但我们也依然充实,有更多的时间思考未来,有更多的时间调整自己,有更多的时间推动重点,有更多的时间进行总结,有更多的时间召开会议布署安排。

时光匆匆,我们一刻也没有停,一刻也不曾停。市场的大潮汹涌澎湃,冲锋号此起彼伏,进军的鼓点擂响,在新赛道上的奔跑,风光无限，捷报飞传慰我情。

时光匆匆，又是一年。秋去冬来，我们又进入了冬天，冬天过去又是春天。四季轮换，都是最美的季节。春天，是我们最盼望的，那时百花盛开，姹紫嫣红，世界会更加美丽。

时光匆匆，告别老友，迎接新朋。一些老友离我们而去，更多的新朋有来到我们身边，"天若有情天亦老，人间正道是沧桑"，人们必须学会自己保护自己，自己爱惜自己，不能试图依靠上帝的恩赐，要做自己命运的主人，做自己健康的主人。

时光匆匆，告别旧岁，迎接新年。一晃匆匆，由最年轻干部成为最"老"的干部，然壮志不减，雄心犹在。新老交替潮流滚滚，一浪高过一浪，渴望新苗茁壮，誓与天接。

岁月无情，一切都是过眼烟云，唯独爱心永留，慈爱心永在；唯独丰碑永在，丰厚殷实家底，持续迈步登高峰，股东乐，员工笑，社会赞，品牌响天外；唯独艺术永存，语不惊人死不休，不断突破创新途，直攀最高处；唯独精神永耀，盼后来者奋勇登先，扬巍峨之豪气，在新赛道上一路飞奔。

2021 年 11 月 12 日

邯郸学步

"邯郸学步"是一则由寓言故事演化而来的成语。成语最早出自《庄子·秋水》。

"邯郸学步"这个成语比喻一味地模仿别人,不仅没学到本事,反而把原来的本事也丢了。

"邯郸学步"的成语故事:

"战国时期,燕国寿陵有个少年,听说赵国都城邯郸的人走路姿势非常优美,就决定前去学习。他风尘仆仆地来到邯郸,果然见到大街上的人走路姿势十分优雅,走起路来仪态万千,举手投足间都流露出翩翩风度。少年赶紧跟着路上的行人模仿起来,人家迈左脚,他跟着迈左脚;人家迈右脚,他也跟着迈右脚。可是学了几天,他却怎么也学不会,而且越走越别扭,姿势比以前更难看了。

"少年心想:肯定是我之前的走路方式太有问题了,我一定要把它彻底抛弃,才能学会新姿势。于是他开始从头学走路,每迈出一步都要仔细推敲下一步的动作。就这样废寝忘食地学习了三个月,他每天刻苦练习,却始终没有学会邯郸人的走路姿势,反而把自己原来的走路方式也忘得精光。最后,少年彻底不知道该怎么走路了,只好爬着回到了燕国。"

"邯郸学步"成语故事给我们的启迪:

其一，学习，必须要从自己的实际出发。学习，不能照搬照抄，不能生吞活剥，而必须根据实际的需要，不要脱离自己的基础，离开了这些，我们最终很可能像邯郸学步一样，学到最后，什么也不是，什么也没有。

其二，学习，必须要把握事物的本质。我们不能只知道背诵某些原理，不能只知道背诵老师的教诲，而是必须把握事物的本质，能够举一反三、触类旁通。须知，任何原理都有应用的条件，老师的任何讲话也都有适用的范围，我们必须从特定的环境出发，透过现象看到事物的本质，要抓住最根本的原理。

其三，学习，必须学会创新。创新是学习的生命，学习是创新的基础。如果没有怀疑的眼光，如果没有创新的勇气，我们则可能一事无成。敢于怀疑一切，勇于创新一切，这就是我们成功的秘诀，这就是我们制胜的法宝，这就是我们成都的经验。

要学步，更要走出自己的路；要学习，更要创新；要守成，更要突破；要继承，更要发展。

邯郸学步，给我们的教益可能还有更多，但最重要的就是在学习中，要依据自己的特定情况，大胆创新，有所作为。

2021年11月12日

天上有月

过去,成都的夜空很少看得到月亮,月亮只是在儿时的记忆,或是在边疆,或是在云南等,但现在成都的夜空也时常有月亮,这说明成都的环境治理得很好,雾霾已经很少了,能看到月亮与星星的时间就越来越多了。

天上有月,不必等到八月十五才看月。天天有月,何必等到八月十五才看月亮呢?况且八月十五也时有阴雨,急切的企盼往往可能是一场空。随时看,随时欣赏月亮的美,随时看看月亮与星星的组合,这是最快乐的事。

天上有月,城市增辉。天上有月,城市灯光闪耀,夜色如白昼。一轮皎洁的月亮升在天空,在城市夜色灯光的衬托下,城市将照得通亮,夜晚如白昼。

天上有月,回忆无限。童年的美好回忆常在心间。《听妈妈讲那过去的故事》在耳边响起:"月亮在白莲花般的云朵里穿行,晚风吹来一阵阵快乐的歌声。我们坐在高高的谷堆旁边,听妈妈讲那过去的事情。"儿时在谷堆旁时的情景出现在脑海里,那是童年永远难忘的记忆。

天上有月,海上生明月。边关的月,吹拂的风,海上生明月,把记忆的灯点亮,把美好的祝愿送上。草原夜色美,大漠夜色壮,一马平川夜如昼,都因天上有月。明月千里寄相思,明月千里来相会,明月是光,明月是桥,明月是思念,明月千里是故乡。

天上有月,不必再去问青天。天天有月,天天就是希望;天上有月,天天都是美好;天上有月,天天都是机会。

2021 年 11 月 12 日

一脚踢开天地宽

有时候，起脚要果断，一脚踢开天地宽，一拳打开新天地。久拖不下，久不攻克，事情就容易生变，而一变机会就会错过，一旦错过了就没有机会了。

一脚踢开天地宽，就是要牢牢抓紧洞开的机会，毫不放松。冰冻三尺，非一日之寒，踢开这尘封的大门，攻克这久闭的壁垒，决非易事，一定要有越过万水千山之勇气，一定要有排除万难之决心，如果决心不大，抓得不紧，机会就会擦肩而去；如果意志不坚，半途而废，就永远不会成功。

一脚踢开天地宽，就是临门一脚要坚定，毫不犹豫。无论遇到什么困难，无论发生什么变故，都不要轻易改变决定，不要犹豫，要意志坚决，不达目的决不罢休。

进与退，是两种不同的选择，是两种不同的命运。马克思说："在科学的入口处，正像在地狱的入口处一样，必须提出这样的要求：'这里必须根绝一切犹豫；这里任何怯懦都无济于事'。"不要犹豫，更不能怯懦，要勇敢而为，要智慧而进，要坚定挺进。

进与退，是两种不同的天地。进，换来的是新的广阔天地，换来的是久盼的共赢，换来的是新的大格局，换来的是新的光明未来，换来的是一系列连锁反应，结出的是产业链上无限美妙的丰硕

成果。而退一步，则什么也没有，一切重新回到起点，一切清零，前功尽弃，

踢开这一脚，书写新历史。这一脚洞开新的世界，书写新的历史；这一脚展示新的风采，绘出锦绣前程；这一脚，打破疆局，打出新机会；这一脚，必须奋力踢好，必须全力以赴。

不打绣花拳，出拳要拳拳到位，果断用力；不伸太极腿，踢脚要飞腿而出，坚定有力；不说空废话，要务实做大事；不做表面文章，要脚踏实地；说得漂亮，做得更漂亮；说得要少，做得要多。

（这是作者在院领导学习贯彻党的十九届六中全会精神的讲话。）

2021年11月15日

过去我们为什么能够成功

中国共产党第十九届第六次全体会议是非常重要的一次会议，会议提出了百年历程实现的四个"伟大飞跃"。会议提出了习近平新时代中国特色社会主义思想"是中华文化和中国精神的时代精华"，实现了马克思主义中国化新的飞跃。会议确立习近平同志党中央核心、全党的核心地位，确立习近平新时代中国特色社会主义思想的指导地位，反映了全党全军全国各族人民共同心愿，对新时代党和国家的事业发展、对推进中华民族伟大复兴历史进程具有决定性意义。会议从13个方面概括新时代发展成就，这13个方面，对党的十八大以来党治国理政采取的重大方略、重大工作、重大举措进行了系统阐述，体现了这个阶段的原创性思想、变革性实践、突破性进展、标志性成果。会议提出中国共产党百年奋斗的五方面历史意义：从根本上改变了中国人民的前途命运；开辟了实现中华民族伟大复兴的正确道路；展示了马克思主义的强大生命力；深刻影响了世界历史进程；锻炼了走在时代前列的中国共产党。会议总结了中国共产党百年奋斗的十条历史经验："坚持党的领导，坚持

这是作者在院领导《学习贯彻党的十九届六中全会》精神的讲话

人民至上,坚持理论创新,坚持独立自主,坚持中国道路,坚持胸怀天下,坚持开拓创新,坚持敢于斗争,坚持统一阵线,坚持自我革命。"

十九届六中全会深刻揭示了"过去我们为什么能够成功,未来我们怎样才能继续成功"。

现在我结合我院实际,结合这21年来走过的成功道路,谈谈十一科技"过去我们为什么能够成功,未来我们怎样才能继续成功"。

十一科技在过去的21年之所以取得快速发展的成功,主要是因为以下四个原因:

一、投入国家改革与发展的时代洪流中、坚决执行党的改革开放基本国策,紧紧抓住了两次改制与重组的历史性机会;

二、与国家转型发展同步,与时俱进地制定、调整与完善一系列正确的战略并形成了自己独特完整的战略体系,持续把握产业转型的历史性机会;

三、形成了"国家优先、服务客户、回报股东、造福员工"的企业宗旨、"变不可能为可能""敢为天下先""诚信敬业协力创新"的十一科技精神、"市场的狼性,服务的诚信,做人的善信"的十一科技行为准则,这些构成了十一科技的核心价值观,形成了强大的市场竞争力与创新能力,树立了十分良好的品牌形象。

四、十一科技是大家的思想。"十一科技是大家,永远连着你我他(她)。"这首歌唱在口上,落在心里,十一科技的大家庭从2000年的1000人,成长为超过5000人的大家庭,并在继续壮大,强大的团队与文化力是十一科技制胜的法宝。祖国在我心里,十一科技是我家,只要全院一条心,上下一股绳子,就没有克服不了的困难,就没有战胜不了的对手。

  过去,主要是靠着这四条基本经验,十一科技从弱小变得强大;未来,我们将按照党中央的指引,继续与伟大的祖国同步,持续调整,坚持改革,把握机会,加快转型,争取步子再快一些,做得更好一些。

2021 年 11 月 15 日

爱德的 20 周年

在爱德公司发展的历史上,有三个关键点;在爱德公司的历任领导班子中,有两位同志做出过重大贡献,这两位同志是邹克同志与邬伟同志。

第一个关键点:2001 年 12 月,院成立了全资子公司——爱德公司,其初衷是让爱德公司专注于工程安装,以延伸十一科技的产业链,这一举措标志着院开始向工程安装领域延伸,但爱德公司由于没有设计资质,缺乏设计主导权,无法用设计带动安装,同时在安装的实力方面也逊于主要竞争对手,因此爱德公司虽有发展,但增长不快。

第二个关键点:院于 2013 年 3 月批准成立爱德工程院,这一举措是爱德公司发展的转折点。这标志着从此爱德公司可以以爱德工程院的身份享有十一科技所具有的设计和总包的资质,使十一科技的品牌和资源得以充分利用,使设计带动总承包成为可能,这为爱德上规模创造了条件。

第三个关键点:2019 年 10 月,院对爱德公司主要领导进行了

这是在十一科技爱德公司成立二十周庆典大会上的讲话

调整，爱德公司实现了新的飞跃。这个飞跃主要是加快了总院双轮驱动战略和八项并举的新战略在爱德公司的贯彻，不仅加大了电子与新能源的双轮驱动，更重要的是实现了在新能源领域中由单一的光伏制造向光伏发电的转型，这是爱德公司发展史上里程碑式的飞跃，也为爱德公司今年的快速增长与以后的持续增长奠定了坚实的基础，实现了我提出的战略目标的第一步。

关于对爱德主要领导的评价。

邹克同志曾长期（13年）担任爱德公司的总经理，把专注于单一安装的爱德公司转变成为安装与土建施工相结合的四川爱德中创建设工程有限公司，为成立爱德工程院的发展做出了努力，同时在海外工程与光伏制造工程方面树立了样板，实现了第二个关键的转折。

邬伟同志担任爱德公司总经理以来，坚定贯彻总院的战略，实现双轮驱动，巩固与扩大了爱德公司在光伏制造业的优势，更可喜的是在光伏发电领域快速取得突破，从而带动了爱德公司规模的倍增，也为以后爱德公司的持续快速发展开辟了广阔空间，实现了第三个关键的转折。

未来的爱德要继续高举十一科技"自主、合作、创新"的三面旗帜，继续贯彻十一科技的各项战略，特别是在十九届六中全会精神的鼓舞下，要坚持十一科技21年来成功的"四条经验"，要"贯彻好战略、建设好团队、开拓好领域、服务好客户"，要贯彻"市场的狼性、服务的诚信、做人的善性"，争取早日迈入百亿俱乐部。

我相信，在庆祝爱德公司成立20周年之际，爱德公司一定会在未来的日子里走得更快、走得更远、飞得更高，我们期待着！

  我在 11 月 16 日晚作的《爱德之歌》，表达了我对爱德公司过去发展的肯定与未来发展的祝福。

2021 年 11 月 17 日

管 | 理 | 随 | 笔 ❼

从林鸣被评上中国工程院院士说起

今天，中国工程院发布今年增选的院士，中国交建总工程师林鸣因港珠澳大桥建设的一系列重大创新成果而当选为院士，消息传来，我们都为之高兴。

高兴之一，是因为通过著名作家何建明副主席的《大桥》而知道大桥建设的艰难，知道了林鸣的作用，知道了大桥体现当今世界最复杂技术，知道了大桥是中国人的荣光。

中国交建总工程师林鸣入选中国工程院院士，这与报道宣传分不开。中国作协副主席何建明先生在 2019 年夏天三次深入港珠澳大桥岛隧工程施工现场，近身采访以林鸣为核心的工程师团队，创作了作品《大桥》，该书获得"2019 年度中国版协 30 本好书"，广受各界好评。这说明作家的作用是巨大的，很多人都没有机会去大桥，因为上大桥要办港澳通行证，但人们通过《大桥》这本书了解大桥建造的艰难，通过《大桥》知道林鸣这个人。新时代火热的生活给了作家创作的沃土，新时代需要作家以赤诚之心、非凡的心血，深入火热的生活，书写新时代的篇章。

高兴之二，本届两院院士增选，多了一些基层的人物，多了一些我们身边的人物，让人感到院士并不遥远。比如，新增工程院院士马玉山，1968 年 12 月生，工作单位是吴忠仪表有限责任公司，这是一个很小的单位，能有渠道申报并被增选，实在是让人意想不到，这说明院士的增选渠道在拓宽，这在过去是完全不可能的事。再比如，55岁的杨正林，是四川省人民医院院长、电子科大医学院院长，这次被增选为中科院院士，说明院士增选加大了对临床的重视、加大了对一线的重视，这些医生就在我们身边，我们会时常看得见。

  总之，希望院士增选制度不断改革，不要只凭奖项，更多的要看实际突破，多看实际作用，多看在国际上的影响。多增选一些在基层一线有突出作为的科学家，更利于院士制度接地气。

2021年11月18日

思想突破，务实推进

我们在发展的关键节点上，总是首先是思想上突破、观念的改变，带动务实推进、开拓前进，从而迎来新的天地。

改革开放的基本国策是小平同志创立的，这个政策整整影响了我们40多年的发展，中国今天的强盛与这一国策密切相关。小平同志继承了毛主席与老一辈无产阶级革命家开创的千秋大业，把中国人民带上富裕之路。

如今，我们进入了一个新时代，这个新时代以习近平新时代中国特色社会主义思想为指引，是充满希望的新时代。进入新时代，面临新的考验，我们要熟悉我们原来不懂的东西。走进新时代，寻求新发展，仍然需要进一步解放思想，进一步释放生产力，仍然需要坚持改革开放的基本国策。

第一，是要继承，就是要搞懂"过去我们为什么能够成功，未来我们怎样才能继续成功"。总结过去，是为了更好地前进，而前进必须了解过去。

第二，更重要的是在坚持的基础上创新发展。新的时代，新的特点，新的问题，新的挑战，我们要在坚持以往成功经验的基础上，不断丰富、扩大、创新我们过去成功的经验，不断开阔我们新的思路，不断夯实我们的基础，不断壮大我们的实力，以适应更快发展的需要。

第三，要以务实的态度、只争朝夕的精神做事。一天也不拖，一刻也不松，一步也不停。在战略任务明确之后，要少说空话，多干实事，争取时间，争取主动，争取机会，不说那些没有用的话，不做那些没有用的事，全力聚焦我们的主要目标，脚踏实地前进。

第四，凭实力说话，用数据说话，以进步说话。要把争取更快的进步、争取更多的改变、争取更多的成果，作为我们的目标。有了成绩要少说，七分成绩，可以说成五分，留点余地，留点空间，以使自己更主动。要开启务实创新之风，力戒浮夸做表面文章，用务实创新的做法，开创新的时代。

2021年11月19日

关于如何进行歌词创作

歌词,一般来说是歌曲创作的基础,歌词的质量与水平,影响着作曲家的创作灵感,也关乎着创作团队的创作与歌唱家的演唱。

关于歌词创作,我有以下一些体会:

一是以自己实践为主。不必花很多精力去听"如何创作歌词"之类的讲座,因为这些讲座的方法可能会束缚你的思想,抑制你的情感,进入了那些条条框框,不利于创新思维的发挥。

二是情感。关键是把握自己瞬间的感动与创作灵感,这是与众不同的。感动别人,首先要感动自己,不能感动自己,也一定无法感动别人。感动越深,感动越真,情到深处出精品,真情才能打动人。

三是要反复修改。要"语不惊人誓不休",要保持每首歌曲中都有一些亮点,有一些经典的词句。这些能流行的新词或是一些旧词的新组合,给人以脱俗的新意,作词需要反复提炼,不断修改。

这种通俗易懂的新词会给歌曲带来新意。用诗一般的语言作词,用诗人的激情创作,用诗人的昂扬斗志写出最美的歌词。

四是要形成自己独特的风格。要根据自己的经历、环境、特长与爱好,决定自己的创作方向。创作时,信心很重要,信心比黄金更珍贵,信心是成功的前提。"仰望巨人,我们心潮澎湃;创新未来，我们同样信心坚定。"我们崇敬词作界星光闪耀的巨星，这是应该的，但我们更应该学习他们成功背后的坚定信心与艰苦付出。同时我们也应看到，每一个人都有自己无法被人取代的经历与优势，如果我们能充分发挥这些优势，那么我们即使没有达到他们的成就，也会填补某些空白。

新的时代，呼唤新的艺术家，呼唤反映新时代的伟大作品，我们不能只知道吟诵历史上永远闪耀的诗人的不朽作品，我们不能忘记我们的责任，我们要写出无愧与我们这个时代的作品，否则无法向历史交代，无法向一生交代。一切都是奋斗出来的，奋斗一定能结出丰硕的果实。

五是要选择好角度。一首歌词，其容量有限，不可能面面俱到，只能选择恰当的角度进行创作。可以以小见大，即从小的方面着手，得出大结论，也可以以大见大，直插主题，可以以横跨千年的气势，创作出别具一格的好词。总的是不拘一格，不拘泥于形式。

六是合作。要与作曲家、歌唱家、创作团队保持信任与亲密的合作关系。词作的创作不仅仅是开始，更多的是在创作过程中的合作，在创作过程中对原先的词作进行修改，部分修改甚至全部推倒重来，也都是有可能的。作品在反复雕琢中成为精品。

七是不要着急，围绕重点，逐步推进。起点可以低一些，适应以后，可以加快，特别是当做出一些成绩、因此有了信心后，更可以趁热打铁，加快提速。创作时，根据实际情况，在一个阶段内，可以围绕一个重点题材进行创作，全身心地投入，专注容易出成果，专注容易成精品，专注容易实现超越。

八是扩大歌词来源。歌词来源是多样的，最多的是新创作，即完全按照创作要求新创作。还可以将一些具有歌词特征的散文与散文诗的文章进行改编，使之成为一首歌的词作。同时，有时候一些只言片语的想法，也可以改扩成歌词。

九是灵感来自生活。必须有丰富的工作与生活，才能丰富创作的源泉。广阔的工作面，马不停蹄的旅途，尽可能多的旅游，广交朋友，始终活跃在一线，你就永远有取之不尽、用之不竭的创作题材，就有永远蓬勃的创作生命。

特别是在旅游中或在旅途上，一个突发的灵感会点燃你思想的火花，触发你创作灵感的涌动，一个新的歌词或会应运而生。

把握生命中的每一次感动，把握生命中的每一次机会，你一定能成功。在善良的人的眼光中，世界是美好的，人类是美好的，用永远的爱心，用永不枯竭的热情，用永不停止的脚步，用永不停止的思考，用永不停止的笔耕，创造出更新的成果

2021 年 11 月 21 日

今日小雪

今天是小雪，亲朋好友们在朋友圈里提醒着这个日子，因此知道了今天是小雪。只可惜成都没有雪，看雪要到西岭雪山去，杜甫的"两个黄鹂鸣翠柳，一行白鹭上青天。窗含西岭千秋雪，门泊东吴万里船"的诗篇常在我们耳边响起，让人感到成都离雪并不遥远。

由于防疫的需要，已经有半个月没有离开成都了，也没有与成都的朋友们来往，就是两点一线，从家里到办公室，再从办公室到家里，还有的就是每天必须要做的事——散步。就这样过了两周，准备迎接第三周——仍然是这样有规律的生活。

成都的天气，时冷时暖，捉摸不定，而疫情防控期间，人们的沟通虽然可借助于电话与微信，打破时空阻碍，但毕竟不如当面沟通快捷而有效，这样的防疫隔离确实也多少会影响工作，但愿本周能顺利解封。

空闲的日子里，倒是可以学一些东西，可以写一些东西，可以思考一些东西，可以整顿一下内部事物，可以坐一下"冷板凳"，喝上一杯热茶，看一些好书，享受一下难得的清静，否则这么多书静静地躺在那里，是多么的可惜呀。

岁月静好，岁月易逝，在这特殊的日子里，怀念的是不断逝去的岁月，珍惜的是岁月留下的一切，保存的是坚实的足迹，收获的是丰硕的成果，树立的是未来的信心。

"仰望巨人，我们心潮澎湃；创新未来，我们同样信心坚定。"这是我自创的一个名句，或许对大家有些用，让我们努力破冰吧，努力化解冰雪吧，冬之后，必定是明媚的春天。

2021 年 11 月 22 日

战略方为大问题
——谈如何《筑梦》

今天折腾了一个上午,是为了配合爱德公司20年庆而作的《筑梦》小片,这个《筑梦》小短片将对爱德20年进行了回顾。现在影视艺术已从深庭大院中走出,成为大众的一种喜爱,成为人们热爱的艺术,成为一种文化的普及,成为企业的一种宣传工具,而不再成为高贵人群特有的奢侈品。

作为十一科技的掌门人,我同时兼任爱德的董事长也已长达20年了,一定要在爱德20岁生日之际表示祝贺,同时作为书法爱好者也要写上一些祝贺的话,以此鼓励。

爱德的20年发展,经历了曲折而又不平凡的道路,邹克同志长期担任爱德总经理,13年来为爱德在电子制造与新能源制造方面建立了爱德品牌优势做出了重要贡献;而2019年底上任的邬伟则是更快速地推动了爱德由光伏制造向光伏发电的重大转型,开始实现新一轮的飞跃。这一轮飞跃势头很猛,这一轮飞跃汹涌澎湃。说到底,企业在任何时候的发展,关键还是战略,战略决定方向,战略决定空间,战略决定速度,战略决定质量,战略决定一切,战略方为大问题。

新一轮的飞跃,就是要高举十一科技的大旗。爱德是十一科技的一部分，是十一科技的一分子，十一科技的品牌影响力如日中天，在多个关键领域的竞争力强大，十一科技现形成的地区布局是集 20 年的努力而成，如果爱德另创品牌，另行布点，另起炉灶，不充分利用十一科技的品牌，不充分利用十一科技的资源，则无疑作茧自缚，自己走上一条窄路。

新一轮的飞跃，就是要坚持并深耕总院一系正确战略，更广泛、更深入地融入到十一科技中去，在融合中保持并光大自己的特色。双轮驱动战略，指明了爱德未来的发展方向与发展空间。如果充分利用十一科技在光伏界用 10 年心血树立的品牌，向新能源全面进军，则空间广阔，今年爱德只用了不到半年的时间加码转型，就取得了显著成效。

"大旗高举定方向，战略方为大问题"，在爱德 20 年之际，我们祝愿爱德更高地举起十一科技的大旗，插上腾飞的翅膀，在清晰的战略思路指引下，全体干部深耕市场一线，全体干部坚守工程一线，全面跃进，力争早日进入更先进的行列，筑梦未来，幸福未来！

2021 年 11 月 22 日

敢于变换新的赛道

我们在工作与生活中，经常看到有些老赛道已经见底，没有活力，没有前途，没有增长，一片红海，但我们就是舍不得离开，舍不得换新的赛道。

我们对老赛道如此有感情，如此不舍，是因为我们一直在这些老赛道上生活、工作与成长，老赛道是我们的生命之道，我们在感情上舍不得，在利益上分不开，在关系上离不了。

但一切都在发展中，新的时代充满蓬勃的活力，一切都是那样地欣欣向荣，到处都充满着新的发展机会，如果固守在原地不动，一切都是旧赛道，那么很可能会错失最好的发展机会，被时代所淘汰，被别人所超越。

不肯换赛道，关键还是我们的思想僵化，观念陈旧，知识老化，适应不了新形势的发展；不肯换赛道，关键还是我们舍不得那些坛坛罐罐，舍不得那些看家的财产，舍不得那些曾经引为荣耀的家底；不肯换赛道，关键还是我们对新赛道的巨大而光明的未来没有看到信心，对新赛道的潜力没有估计够；不肯换赛道，是因为我们对旧赛道的局限没有看透，对老赛道对发展的约束与危害估计不足；不肯换赛道，是因为我们缺乏新旧赛道转换所具有的魄力，难下新旧赛道转换的决心。

走上新赛道，新赛道上阳光照。新的赛道，是充满阳光的大道；新的赛道，是充满生机与活力的大道；新的赛道，是充满机会的大道。

走上新赛道，新赛道上新风景。一踏上新赛道，新的赛道就是别样的风景；一踏上新赛道，新的赛道就是新的气象；一踏上新赛道，新的赛道到处是待开垦的处女地，到处是快要成熟的累累硕果，到处是黄金在闪耀。

走上新赛道，与时代同步。告别旧赛道，迈向新赛道，与新的时代同步，与新的潮流同伍，我们在新旧赛道转换中，失去的只是可以舍去的东西，换来的将是一个崭新的世界。

如果拒绝新的赛道，不愿做新的尝试，不愿意放弃旧的东西，那么就没有机会接触新的东西，就没有机会进入新的赛道，也就失去了新赛道上奋勇争先的机会。

如果拒绝新的赛道，就等于放弃了新的希望，放弃了新的未来，其结果只能有一个——必定是让别人超越，过去的一切努力白费，过去的一切成果付之东流。

2021 年 11 月 23 日

香山叶正红

今晚，中央电视台黄金时段播出又一部红色电视大剧《香山叶正红》，再一次吸引人的眼球，收视率再创新高，这说明了人们对红色大剧的喜爱之情。

《香山叶正红》这部电视剧回顾了毛主席为首的中共中央从西柏坡到达北平后在香山落脚并从香山进入中南海的那段建国前的难忘岁月，记录着毛主席与他的亲密战友周恩来、刘少奇、朱德、任弼时——这五位中央书记处书记在香山指挥解放战争在全国最后的胜利、策划建国大业等重大革命活动，而这些活动大都是在毛主席居住的双清别墅里展开的。

1949年3月25日，毛主席在西苑机场阅兵后，即入驻双清别墅，直到8月23日离开这里，入驻中南海菊香书屋，一共在双清别墅住了5个月。双清别墅从此成为人们最向往的地方之一。2019年10月，双清别墅被列入全国第八批重点文物保护单位。

我多次去过双清别墅，最近一次是2019年11月19日，回来后写了两篇文章，一篇是《双清别墅前的思考》，另一篇是《香山革命纪念馆》，这两篇文章收入了我与太太合著的游记《一路风尘》，这本书已在2020年10月由四川文艺出版社出版。因此我比较熟悉香山与双清别墅，对这个地方也充满情感。每年秋天的时候，我都特别想念香山，想念双清别墅，只要我到北京，无论再忙，都要争取去一趟香山，去一趟双清别墅，这既是观赏秋天香山美丽多姿的枫叶，更多的是想再一次瞻仰毛主席的故居，寄托我们的思念，找到前进的方向，增添前行的动力。

从《大决战》到《香山叶正红》，红色精彩大剧一个接一个，实现历史的无缝链接，实现了红色经典的完美大组合。在建党100周年的年份里，在全党、全国人民深入贯彻党的十九届六中全会精神的热潮中，播出《香山叶正好》这个电视剧更有特殊的重大意义。

红色经典之所以受到欢迎，是因为红色经典是真实的历史，是历史生动的再现，是感人的真实故事，是革命胜利的转折，是无数先辈与先烈用生命与热血铸就，今天的幸福生活都来自那个红色年代里打下的基础。红色的战争年代，从开始到现在，虽然已经过去百年，但离我们并不遥远，一切是那样的亲切，仿佛就是眼前的事。

红色经典之所以受欢迎，因为那是来自生活又高于生活的真正艺术经典，一些红色经典电影如《英雄儿女》《上甘岭》《打击侵略者》《奇袭白虎团》《董存瑞》《烈火中永生》《永不消失的电波》《山间铃响马帮来》《红色娘子军》《南征北战》《铁道游击队》《地道战》《地雷战》《青春之歌》《野火春风斗古城》《洪湖赤卫队》《闪闪的红星》《三大战役》等、红色电视剧《井冈山》《红色摇篮》《长征》《伟大的转折》《十送红军》《太行山上》《人间正道是沧桑》《毛泽东》《东方》《解放》《跨过鸭绿江》《红船》等长盛不衰，历久弥新，这是因为这些影视作品从内容到编剧、演员、导演、插曲、制作等全过程，都是精心策划的，都是反复锤炼的，都是真实的，都达到了难以企及的艺术高度，从而成为艺术精品。

每看红色经典，都有一种激动，都有一种感动，都有一种留恋，都有一种新意，都有一种鼓舞，都有一种力量，都有一种向往，都有一种自豪，都有一种思念，都有一种收获，可谓百看不厌。

反观很长时期以来，我们的现代片子虽多，但过后就忘，绝不想看第二遍，有些看个开头就不想看下去，最重要的是这些所谓的"大制作""大导演"，都不是以情动人，是靠大投入带来的"大制作"，虚假、不真实、做作，是其特点。这么多年来，能真正打动我的电影与电视剧，可谓少之又少。

回过头来看，历史还是公正的，红色经典几十年长盛不衰，而现在所谓流行大片大概也只有几个月的流行寿命，很快被历史遗忘与抛弃，唯独这些红色经典永存，唯独这些红色记忆永在，唯独这些真正艺术永放光芒，世代流传。

我们期待《香山叶正红》不断给我们新的惊喜，给我们新的享受。

2021年11月23日

电子更强,新能源更快

2021年是不平凡的一年,这一年里,十一科技在各个方面都取得了显著的进步,尤其在新能源方面实现了飞跃,在"十四五"的元年,开了个好头,为"十四五"的发展奠定了基础。

2021年是十一科技的新能源年、党建年、战略文化年、管理提升年、幸福奋斗年。

关于新能源年。2021年,我们守住了电子的基本盘,在新能源上实现了跨越式发展,取得了三个大突破,其一是新能源合同由去年的30亿快速提升到2021年的200亿,使原本不可能的事成为可能;其二是实现光伏发电向风能的拓展,丰富了新能源的内容;其三是开创了用投资与开发的新模式,带动了新能源的发展。新能源的三个重大突破意义重大,新能源已真正成为院的两大主业之一,因此称2021年为十一科技的新能源年。

关于党建年。2021年是建党100周年大庆的年份,我们在党中央的统一布署下,与全国人民一起庆祝这个伟大而喜庆的日子。我们先后主办或联合主办了三次全国性的诗歌朗诵会(5月在杭州举办的黄亚洲、赵振元诗歌朗诵会,7月1日中国光伏界赵振元诗歌朗诵演唱会,9月30日在上海举办的桂兴华、赵振元诗歌朗诵会)、两次大型文艺演出(6月6日成都举办的《心声》专碟首发、6月16日在嘉兴举办的表彰与文艺演唱会..,这几次诗歌朗诵与文艺演出通过全球直播,总收视人数超过700万人次,而精心制作的《奋斗百年路,启航新征程》的专题片,以优美的音乐、丰富的内容、精美的画面,受到大家的热捧,至今收视已达16.8万人次,创造了一个奇迹,大家都说这个视频百看不厌。

关于战略、管理与文化提升年。这一年里,全面推行了四项新战略组合与八项并举的战略,提出了十一科技的精神是"敢为天下先、变不可能为可能、诚信敬业协力创新",提出了"市场的狼性、服务的诚信、做人的善性"的行为准则,确定了"国家优先,服务客户,回报股东,造福员工"的16字准则,对21年成功的四条经验进行了总结,这就是改制改革、战略转型、十一科技精神与核心价值观、我们是一家人的理念。在管理方面,我们新补充了一系列重要文件,全面整顿了工程秩序,对资产管理办法进行了重大调整。

关于幸福年。2021年,我们继续大幅提高了员工的薪酬,院的规模与利润再创历史新高,大家共享发展成果。华北大厦入驻,总部第二幢大厦出租基本完成,全院到处充满欢乐祥和的气氛。

2022年,十一科技将坚决贯彻党的十九届六中全会精神,践行"变不可能为可能、敢为天下先、诚信敬业协力创新"的十一科技精神,遵守"市场的狼性、服务的诚信、做人的善性"的十一科技行为准则。

2022年十一科技的目标是"电子更强、新能源更快",即在电子方面全面反击,全面收复失地,力争更强;在新能源方面实现更快,争取合同在2021年基础上再增长30%～50%,从而为十一科技在"十四五"元年争取主动奠定基础。

幸福是奋斗出来的,事业是干出来的,前途是创闯出来的,让我们在新的一年更加努力。

2021 年 11 月 24 日

迎着太阳东升

在成都总部,我每天都比正常上班约提前40分钟或更早到办公室,这段时间是比较珍贵的时间,可以看一些东西、写一些东西、思考一些东西。

我的办公室视线很开阔,在大楼最高层的25层,可以看得很远。如果天晴时,提前上班在办公室还可以看到一轮喷薄而出的太阳。东方冉冉升起的太阳,给你的一天增添好的心情,带来新的希望,让你一天充满信心与干劲。

在办公室看日出的日子既多又不多。说多,是因为只要在成都而且成都天气好,你早晨提前到办公室,每天都有机会迎来太阳东升;说不多,是因为生命毕竟有限,工作时间毕竟有限,在成都总部时间也有限,好天气也有限,而且也不是每天都能有这样的心情与时间欣赏,所以这种时间毕竟有限。

岁月易逝。很快又是一年过去了,人们都在以各种方式告别旧岁,迎接新年。跨年相接,也是各种人事调整的窗口期,我们又得告别一批老朋友,迎来一批新朋友,新老交替总是这样不以人的意志转移。

生命如歌。虽然一切都会过去,然而一切也都会留在历史上、留在人们的记忆中,不会轻易消失。人们总会怀念那些珍贵的黄金岁月，怀念那些惊天动地的故事，怀念那些深刻改变城市面貌的重大事件，怀念那些曾经为这些城市发展勇于担当而做出贡献的人们。

把握现在。"发展正未有穷期，新的时代新气象"，进入"十四五"后，国际形势虽然变得更加复杂，但双碳经济的时代已经来临，势不可当，而电子发展则更加紧迫，处在为电子与新能源两大关键领域服务的我们，已经容不得半点懈怠、半点放松，而要加足马力，全速前进，争取为国家发展建功立业。

放眼未来。在高位上持续稳步而快速的增长，坚持 21 年来成功的四项基本经验，在新旧转换之际，努力把握未来的机会，力争迈上新的台阶。

今天正好是感恩节，这篇短文感谢曾经帮助过我们、现在已经退下来或将要退下来的领导与朋友们，我们永远感恩您们的帮助，永远怀念那些珍贵的岁月与难忘的友谊，我们会把这种感恩化作一种不竭的动力，奋发向前，在新的一年里更强、更快地发展！

2021 年 11 月 25 日

高股价的风险

投资者的目点是为了回报,而回报的途径一般有两种,一种是分红或转赠股份,另一种是股票(份)价格的上涨。

一家市值很高的上市公司,如果没有分红回报计划,也没有足够的业绩时,股价下跌是必然的趋势。靠机构长期托盘支持是不能长久的,因为任何资金的进入都是有成本的,不计资金成本托盘付出的代价是大的,长期看是不可能的事。

股价太高了,存在很大的风险。一般来说,市盈率在50倍以内是能够接受的,对那些"卡脖子"的关键产业中的关键产品,100～200倍的市盈率也是有可能的,但如果是竞争性很强的行业,100～200倍的市盈率则有着很大的风险,投资这类股票要慎而又慎。

股价高了,要有新业绩支撑,否则高股价不会持久。要维持不断增长的业绩,才能维持好的股价,但增长的业绩必须是真实的,不能靠不正当手段来拔高业绩以推动股价,当库存积压太多时,业绩难以维持,股价必然下跌。

股价高了,要设法回报股东,否则再高的股价也没有用。公司的经营理念很重要,要把如何回报股东作为首要责任,千方百计去回报股东。

决定股价的是企业自身。作为一家上市公司来说，最重要的是把自己的事做好，自己无法控制市场，也不能操控市场，但却可以把握公司的发展方向，做好自己。从长远的观点看问题，股价并不是由市场决定的，是由公司发展的质量与速度决定的。股价低时，不必怨天尤人，只能从自己身上找原因。只要成长的业绩好，利润结构的多元化，盈利能力稳步较快提升，企业高质量快速发展，最终一定会迎来股市长红的日子。

市场总是公正的，投资者总是理性的，短时间的市场动荡会波及股价，但企业长远发展的后劲与实力，最终会证明一切。

2021 年 11 月 25 日

增长是硬道理

又到了岁末年初的时候了，总结过去，展望未来，迎接新的挑战，是每个企业、每个人都面临的课题，一年总结要用数据说话，最后说明问题的还是数据。

数据反映了增速。不增长当然有问题，增长慢了也是问题。慢了，就会在与对手的较量中落败，落后意味着离出局不远了；慢了，就会失去最好的发展机会，机会总是稍纵即逝，不会等你太久，如流水一般易逝。发展是硬道理，增长是硬道理，当然，在发展中也允许有调整期，有些调整是必要的，也是为了更快发展，但无论如何，在总体上要保持一定的增速，没有一定的增速，难以保持市场的竞争优势，就会在市场中处于被动。

数据反映了质量。合同、营收、利润、净资产与现金流等，反映着企业的发展质量。这些数据很重要，是企业是否高质量发展的标志，高质量发展，是企业持续发展的基础。要逐步改善企业的运营质量，关键还是要不断转型，通过转型，把握国家战略性新兴产业发展的机会，并与之一起成长。赶上了，就迈上了一个新台阶，赶不上，这会掉下来，就会被淘汰。

数据反映了结构。营收与利润等，也反映了结构，反映了业务多元化的程度。在市场竞争日趋激烈的情况下，过分单一的业务难免有很大风险，而在专业化基础上的多元化是一种更为健康、更为稳定的结构。

　　数据反映了趋势。数据不仅反映了现状，而且也反映了未来的趋势。手里在握的合同，服务的客户群，市场上的竞争力与口碑，都是你生存的基础，都是你的未来，都代表着发展的趋势。我们不仅要立足现在，还要面向未来。

　　在浮躁的市场中，做好自己的事是唯一的选择。而年终的数据会给你做个提醒，好的坚持，错的纠正，新年再来。

　　新的一年，在风雨中充满希望，在坎坷中露出光明，让我们一起努力！

2021 年 11 月 27 日

办法总比问题多

我们在生活与实践中，通常会遇到很多意想不到的问题，这些问题往往很棘手，有时候让你措手不及、让你束手无策，解决这些问题需要勇气与智慧，但如果我们不及时解决这些问题，则无法顺利实现我们的目标。

这个时候，不惧困难，迎难而上，打开自己的思路，开启自己的思维，开拓自己的视野，突破传统思维的局限，充分发挥自己的优势，发挥团队的优势，总会找到解决问题的办法，办法总比问题多。

办法总比问题多，往往需要集思广益，发挥集体的智慧。一个人的智慧总是有限的，集体的智慧具有超越的力量，个人解决不了的问题，通过集体的讨论往往可以迎刃而解。众人拾柴火焰高，集体智慧高于天，要充分依靠团队，找到解决问题的办法。

办法总比问题多，需要突破传统思维的局限。有些问题是老问题，解决老问题或许可以用老办法，但更多遇到的是新问题，解决这些新问题往往需要新思路、新思维与新方法。

办法总比问题多，既要急，又要从容不迫。急，是因为解决问题总是有个时限的，错过了，就没有机会了，解决慢了，也没有用了。同时限时解决往往能让你的神经紧绷起来，急，能集中思想，集中注意力，聚焦思维，集中资源，集中力量，这都有助于问题的解决。所谓"急中生智"就是这个道理。在限时、限期的情况下，又要从容不迫，不能过急，过急了，思想就会乱，就会六神无主，就会变得毫无办法。要从容不迫，放松紧绷的神经，放松一下，会突然出现"山穷水尽疑无路，柳暗花明又一村"的境界，办法就会出现。找个安静的地方，静下来好好思考，就会"灵机一动，计上心来"，安静，静思，在危机中沉住气很重要。

办法总比问题多，朋友多了路好走。企业与个人都要有良好的信誉，平日要多帮助人，这样朋友就多，朋友多了路好走，在关键时候总有人帮忙。有些人总能逃过一难、躲过一劫，这与这些人平时常怀一颗慈爱的心，多做善事、多做好事分不开，你帮别人，别人在你遇到困难时，也会帮你，当然，你此时必须发出求助信号，否则朋友们不知道你的需求。

办法总比问题多，办法是耐心、方法、决心与信心的统一。第一，要有耐心。解决问题要看时机与条件，当时机与条件还完全不成熟时，或等待，或创造条件使之成熟，总之要有耐心，千万不能因此而急躁。条件不成熟，又无法创造条件的，可以放一放，这届班子解决不了的，让下届班子去解决，这代人解决不了的，让下代人去解决。第二，方法很重要。有的问题，短时间解决不了，可以分阶段、分步骤地进行。问题太多时，可以先易后难进行。正面无法解决时，可以从侧面去解决。直接解决不了时，可以间接去解决。第三，决心很重要。下不下决心，其结果是完全不同的，决心大，大问题就变成小问题，问题容易迎刃而解。决心小，小问题演变成大问题。第四，信心很重要。信心比黄金更重要，解决问题要有充分的信心，要有昂扬的斗志，要有全力以赴的干劲。

办法总比总比问题多，是创新精神与科学性的统一。既要发扬变不可能为可能的精神，敢于突破，敢于创新，干出惊天动地的大事，把困难踩在脚下，迎着困难上，又要有坚决克服困难的态度，要有实事求是的科学态度，勇气与求实相结合，创新与科学相统一，争取早日解决问题。

每当我们在前进的道路上克服一个困难、排除一个障碍，我们就能前进一步，我们因此离梦想与目标也就更近了一步。

2021 年 11 月 28 日

清晨的礼物

早晨，我刚醒，还没有起床，太太就首先告诉我一个好消息：CCTV-15（音乐频道）将在 11 月 29 日、12 月 2 日分两天播出《西域情歌》，这首歌由我作词、著名作曲家彭涛老师作曲、著名女中音歌唱家钟丽燕老师演唱。

这是最近两年内中央电视台（CCTV-3、CCTV-15）播放由我作词、彭涛作曲的第五首歌曲，这些歌曲是《小宝宝》《老伴》《妈妈》《草原之旅》《西域情歌》，这些歌曲大部分由钟丽燕老师演唱。

《西域情歌》，是今年 4 月下旬去新疆时的感受，从新疆回到成都创作的，著名音乐平台《乐涛风潮》在今年 9 月 17 日第 12 期首发播出，著名音乐评论家刘铭老师随即发表著名音乐评论《远古的梦——写在赵振元、彭涛新歌〈西域情歌〉首发之时》，但真正在全国播出，这还是第一次。

《西域情歌》是集体智慧的产物。从创作到发出，太太、彭涛老师、钟丽燕老师与团队都提出了很好的修改意见，使这个作词趋于完美，而彭涛老师的优美谱曲与钟丽燕老师的精彩演唱，使《西域情歌》脱颖而出，最终在全国播出。

我还得感谢今年 4 月一起陪我到南疆的朋友们，我们在南疆度过了难忘而快乐的日夜，没有大家的陪伴，我无法成行，无法成行就找不到这个感觉，无法完成这首跨度千年、穿越时空、能流传的

《西域情歌》。而在我新疆之行之后，彭涛老师与田红老师的新疆之行，同样重要。作者要深入生活与体验生活，才能找到真正的感觉，才能写出新时代的篇章。

感谢伟大的新时代，我们如此爱美丽的新疆，爱美丽的南疆，爱边疆的山山水水，爱这片神圣的土地，无论美国与西方如何诽谤，我亲眼看到生活在南疆的人民是如此富足，如此幸福！《西域情歌》是对古丝路千年的深情怀念，是对"一带一路"新丝路的赞美，是对大美新疆的神往。

感谢中央电视台，让这首优美的《西域情歌》在祖国的神州大地唱响。在14亿人口的大国，还有什么比在中央电视台发布新作品更高兴的事呢？

2021年11月28日

咬定青山不放松

清代郑燮（郑板桥）《竹石》全诗："咬定青山不放松，立根原在破岩中。千磨万击还坚劲，任尔东西南北风。"对我们大家有很大的启示，说明做任何事，都要坚持到底。

咬定青山不放松，要有目标。青山，就是我们的目标，没有目标，我们努力就没有了方向，力量与资源也无法集中。因此，最重要的是首先要确立我们的目标，这个目标就是我们的方向，就是我们的理想。一个人的目标，往往会有很多，但显然一个人的精力有限，必须聚焦，将目标限定到一定范围，确定一些最重要的目标，目标定下来，就有了方向，就有了行动的指南。

咬定青山不放松，就是要坚持。有了目标，还不够，还要有坚持。任何事，都不会一帆风顺，都会遇到各种挑战与诱惑，这些挑战与诱惑，时刻在威胁着你的前行，时刻在动摇着你的信心，时刻在妨碍着你的行动。这个时候，能否坚持到底，这是关乎成败的关键。坚持，就是胜利，坚持，能够胜利，但做到这些却非易事，人与人之间的差别，不在于是否制定目标，而在于对理想的坚持与付出。

咬定青山不放松，要淡泊名利。要脚踏实地，要埋头苦干，要沉下心去。奖项是我们这个时代的荣耀，当然要去争取，奖项是对你的肯定，是成名的通道。但不能把奖项、名利看得太重，能传世的，不是奖项，而是作品。曹雪芹的《红楼梦》，没有得过什么奖，也没有人给他奖，人们都在忙自己的奖，但这丝毫不影响《红楼梦》作为中国文学史上最伟大的文学作品，受到人们喜爱，永留史册，成为后人根本无法超越的艺术高峰。不说国内有些无聊的奖项，就是诺贝尔文学奖与《红楼梦》比，也根本不在一个水平面上。因此，要脚踏实地地去创作，去创新，用自己的努力奋斗，开创一个新的天地，能流传的，只能是不朽的经典、永恒的诗篇、高尚的艺术，而不会是其他的，不要把名利看得太重，更不能把获奖作为主要努力方向，而要在自己创作上下千锤百炼的功夫，在坚持上努力。

2021 年 11 月 28 日

依靠不倦的创造力

今晚中央电视台15频道（音乐频道）播出了由我作词、彭涛老师作曲、钟丽燕老师演唱的《西域情歌》，引起了大家的普遍关注，因为在全国播出的关于新疆的新歌，近几年很少见到，大家都停留在《达坂城的姑娘》《咱们新疆好地方》《掀起你的盖头来》《吐鲁番的葡萄熟了》《花儿为什么这样红》《怀念战友》《阿拉木汗》《在银色的月光下》等这些著名的经典老歌，熟悉新歌曲的人很少。在西方对新疆有严重偏见的复杂环境下，新疆的歌、新丝路的歌，有着特殊的意义，因此我萌发了要写一些游记与诗篇赞美新疆、西域及"一带一路"新丝路。

今年4月下旬，在太太的鼓励下，我再次踏上去新疆的征程，这次我选择了未曾到过的南疆喀什等地，与等候在那里的朋友们相聚。虽然来回只有5天，大部分时间又都在旅途中，而且处在防疫中，活动范围有限，但南疆悠久的历史与古丝路的千年风情还是深深地打动了我，党对喀什地区的亲切关怀与南疆人民富足的生活感染了我，美丽的南疆是个好地方。回来后，我写了多篇游记散文，也写了诗，但总觉得这些都不如一首能传唱的歌更有意义，因此我萌发了写一首能流传的经典歌曲——关于西域的歌的想法，在太太、彭涛老师、钟丽燕老师的建议下，我最终定为《西域情歌》。

但从哪种脚度去写这首歌？这是面临的最大挑战。从南疆回来后，一直想，天天想，但就是无从下手。6月21日的早晨，我依旧提前40分钟到达办公室，这时我突然来了创作灵感，一下子找到了写的角度，心中的词像流水般流淌出来："你在这条路上，等我等得这么久，我在这条路上，盼你盼到白头……"，很快，我只花了15分钟左右的时间，就完成了《西域情歌》的初稿，马上发给太太小平，她很快回微信说这是非常好的词，这让我信心大增。后来我又征求了彭涛老师、钟丽燕老师的意见，进行了修改。为了使作曲家充分感受美好的新疆，在新疆朋友们的热情邀请下，彭涛老师与夫人田红老师在今年7月踏上去南疆之路，又按我今年4月下旬在南疆的路线重新走了一遍，这样就为我们共同创造《西域情歌》及其系列歌曲奠定了基础。

"西域情歌"系列作品共有6首歌：《西域情歌》《美丽的喀什》《胡杨树》《美丽的新疆，我的家》《南疆夜色美》《拥抱你，新疆》，我作完了词都交给了彭涛老师，彭涛老师在作曲时先作了《美丽的喀什》与《胡杨树》，为主打歌曲《西域情歌》而热身，而千呼万唤始出来的《西域情歌》终于在今年9月出来，我抱着一种非常复杂与期待的心情首次试听，一听，大喜不已，彭涛老师以卓越的艺术，为我们谱出了如此优美的旋律，那一天我就断言，我们成功了，今晚中央电视台的播出证明了这点。

现在，关于新疆的6首歌曲都由彭涛老师谱曲，将收入《西域情歌》的专碟，碟子的另外8首歌，作词已完成，歌曲创作将接近尾声，我们都一起期待彭涛老师继续给我们带来新的惊喜。

一首歌曲的成功，是集体智慧的结晶，是团队的成功。很多人都为《西域情歌》的成功做出了奉献，我怀念在新疆的日夜，怀念西域的风情，喜爱西域的历史，赞美西域的现代，难忘《西域情歌》创作的那些时光，让我们继续放歌，继续向西域迈进吧，让"一带一路"新丝路大放光彩！

"雄关迈道真如铁，而今迈步从头越"，新的时代，充满挑战；新的生活，美丽如画，让我们真诚拥抱生活，热情讴歌伟大的时代吧！

2021年11月29日

最好的时期

当前，在党的十九届六中全会精神的鼓舞下，全国人民正意气风发地描绘"十四五"的宏伟蓝图，中国正进入最好的发展时期，进入一个新的时代。

花开，总在最美的季节。一年四季，春夏秋冬，花开花落，花开总是在最美的季节。最美的季节，在经过寒冬后的春天，在经过烈日盛夏后的秋天，在最美好的季节。

辉煌，往往不在播种的季节，而在收获的日子里。累累的硕果，总是在金秋的岁月，在辛勤耕耘后的日子。没有辛勤的耕耘，不会结出丰硕的果实；没有辛勤的浇灌，不会开出盛开的鲜花。

新陈代谢，这是谁也无法抗拒的规律，所谓"岁月不饶人"就是这个道理。一切可以从头再来，但只有逝去的岁月永远无法再现，一切像流水一样，一去永不返。但可喜的是，曾经的努力，换回来的是日益的强大，从各方面看，我们已经步入了一个最好的发展时期。

新的一年到来之际，十一科技与伟大的祖国一起，共同进入了最好的发展时期，进入了最具幸福感的时代，这是 21 年顽强拼搏的结果，这是 21 年来持续战略转型的成果，这个最好的时期主要有以下三个重要的标志：

一是在高位持续稳步快速增长，各项指标均创新高。十一科技的营收自从 2018 年冲破百亿大关后，一直没有停下来过，这 4 年内继续连攀高峰，各项指标均衡同步增长，表现出健康的迅猛发展势头，2021 年营收将达到并超过 200 亿。同时，转型带来了高质量发展，保持了蓬勃的生命活力，带动了传统优势的扩大，在电子与新能源两大关键的领域里，充分显示其不断增强的优势；在投资与服务两大领域，双轮驱动的战略威力正在日益显示。十一科技资产优良而强大，竞争力强，高质量发展，十一科技有很强的硬实力。

二是十一科技战略体系日臻完善、地区布局合理、核心价值观与文化持续提炼，发展目标清晰，战略意图明确，策略方法得当。在十一科技长期的发展实践中，形成了与时俱进的战略体系，十一科技精神的提炼，十一科技行为准则的确立，十一科技宗旨的公布，将多年的核心价值观提升到一个崭新的高度，将十一科技的文化力进一步巩固，十一科技有很强的软实力。

三是十一科技干部员工高度的幸福感与充分的归属感。各处都有现代化的办公大厦与优良的办公环境，响亮的品牌，高质量的优质资产，强大的团队，快速提升与不断改善的员工待遇，丰富的文化生活，光明的前景，使十一科技有着强大的凝聚力。十一科技员工充满幸福感、归属感，队伍逆势扩展，现已超过 5000 人，还在稳步扩展之中。我们只用了 3 年时间，就实现在高位翻番的目标，再造几个十一科技的战略设想正在遍地开花，十一科技有着很强的综合实力。

"花开花落终有时，自古兴衰人注定"，在新的未来，在新的一年里，十一科技将充分珍惜过去的一切，发展的路走得更稳、走得更快、走得更猛；不说空话，不说套话，更不说那些没有用的话，奉行增长是硬道理的宗旨，务实推进，迎来十一科技发展史上更新的辉煌。

2021年12月1日

管理随笔 7

关于功能区的建设

我们现在有五个行政区，分别是东南区、华东区、华北区、总部区与西北区，这五个行政区和44个分院是我们地区战略的主要组成部分，发挥着日益强大的作用。继去年东南区合同额破百亿后，今年总部区与华东区的合同额已经超过一百亿，华北区也正在逼近一百亿，这说明我们大区的建设是卓有成效的，再造几个十一科技的目标主要依靠大区的建设落实到位。

随着"十四五"的良好开局，我们还需要进一步丰富我们的地区战略，建立一些新的区，才能满足发展的需要。

这些新的区是一种新的组织形式，这种新的区就是功能区。功能区是不同于行政区的一种建制，它往往在行政区（大区、分院）的力量相对薄弱但产业发展迅猛、国家与地区产业发展战略重点的这些地区，我们仅仅依靠行政区的力量无法满足这些地区产业发展的需要，无法抓住产业发展的极好机会，就有可能会失去这些机会，就会拖延我们总体的发展速度。而我们通过建立新的功能区，可以迅速聚集全院资源，抓住这一地区的发展机会，推动我们再迈上新的台阶。

功能区是为满足某个特定的目的、目标而设立的区域，这些区域没有行政级别，由总院直接指挥，其主要目的就是为了迅速形成这一区域的竞争力，抓住机会，开辟市场，为十一科技的持续发展增添后劲。

功能区一般称大区，一是为了与现有的行政区区别，二是这个区往往需要多个行政区域协同作战。

院即将成立合肥大区，并同时对涉及合肥大区的相关部门进行调整，实现指挥的畅通化。合肥产业发展强劲，我们成立合肥大区的时机已经成熟，以后我们还会成立一些新的功能区，成立这些新的功能区已颇显紧迫，主要是看成立的条件是否具备，但我们已经做好充分准备，正等待合适的时机。

一切都在发展中。不断丰富与完善地区战略理论，是非常重要的。战略理论之所以常盛不衰而富有生命力，不断调整、丰富与完善这些理论是其保证，我们不能停止对战略理论的研究，一旦停止了，便没有生命力了，过去的成功，并不能保证未来的胜利，一切都在发展中，永远不能停止前进的步伐。

一切为了发展。无论是行政区，还是功能区，其目的都是为了发展，所以一切有利于发展的新的组织形式，都要勇于去尝试；一切有利于发展的新的道路，都要敢于去探索，这样才能保证十一科技永远立于不败之地。

2021 年 12 月 6 日

管 | 理 | 随 | 笔 ❼

在调整中寻找新动力

一切都在千变万化中,唯有调整,才能保持蓬勃的活力,唯有变化,才能适应新的发展;唯有改革,才能获得源源不断的新动能。

调整,要有好的总体策划。策划,是运筹的核心,是成功的保证。我们做任何事,要想成功,一定要有事先成功的策划。"凡事预则立,不预则废",预,就是我们对事情的研判,就是对事情的策划;立,就是事情的成功,就是实现预期的目标。

调整,要等待合适的时机。调整,涉及方方面面,是一次利益的调整,是一次关系的改变,是一次权力的转移,一定要等待合适的时机,时机不成熟,硬要调,适得其反。而时机成熟时,如果又错过,而不能及时调整,则又改变不了现状。抓住稍纵即逝的有利时机,果断把握调整的机会,必定会实现突破,变被动为主动,扭转被动局面,实现多方共赢的局面。

调整,总是要找到好的方案。在调整方案中,要抓住关键,抓紧影响事物的主要因素,紧紧扭住牛鼻子不放。一般性的调整,对事物的全局发展不会产生重大影响,意义并不大,必须要做出重要的调整,才能影响发展的全局。

调整,更需要果断地行动。调整,不能仅仅停留在口头上,更重要的是落实到行动上，这就需要用智慧洞察，用果断精神决策，用耐心去说服，用意志去推动，用热情去拥抱。尽说些没有用的话，最终必定耽误大事。马克思曾经说过："一步实际行动比一打纲领更重要。"这句话告诫人们必须将目标转化为实际行动的重要性。

调整，就是要下大决心。关键还是要下决心，没有决心，一切都难；下了决心，一切困难迎刃而解。不破不立，破字当头，立在其中；不破不立，破字当头，立跟其后；不破不立，破除一个旧摊子，迎来一个新局面。

调整，出现新的天地。调整，适应了发展；调整，推动了发展；调整，带动了发展；调整之后，必定是新的天地。

2021年12月7日

紧紧抓住先发的优势

已经取得了先发优势的,要充分利用好这一优势,抓住机会,再迈上新台阶。如果不抓紧机会,先发优势就会丧失,一旦丧失领先优势,再去追赶就很困难,原有的先发,成为落后。

先发的优势,可能是战略的优势、市场的优势、资本的优势、技术的优势、地区的优势、人才的优势与平台的优势等,先发优势一旦建立,就有一定的稳定性,但这个稳定性是暂时的,不会太长久,因为我们所处的时代发展太快,竞争太激烈,在快速发展中,一切皆有可能,领先的先发优势随时可能被很快超越。

以资本优势为例,要持续增值,必须充分利用好这一优势。如果你已经通过前期努力,把握了机会,积累了资金,有一定的资金实力,建立起了资本优势,但如果你总是保守地等待,把钱存起来,不去尝试新的投资,不换赛道,习惯地在老赛道上行走,不敢勇敢地迈上新的赛道,那么你的先发优势很快就会丧失,领先的资本优势将荡然无存,让后来者超越。你要充分利用前期已经积累起来的资本优势,勇敢地走上新的赛道,敢于在新的领域投资,才会提前抢得先机,继续走在前面。

发挥资本的先发优势,价值判断很重要。价值判断对是否做出投资的决定影响很大,否则无法决定取舍。守成只能贬值,创新才是出路；胆怯痛失机会，勇敢开辟新路；果断把握机会，策划赢得未来；敢变才能盘活，格局决定前途。以前富，不等于以后富；现在富，不等于将来富。一切都在变化中，一切都有可能，富豪榜的不断变化，充分反映了这个规律，关键是看能否用有限的资源，去把握光明的未来。

以市场优势为例，先发者可以利用先期赢得的市场优势，加大宣传力度，发挥其品牌与影响力的优势，通过项目的不断累积，加快扩大市场的份额，进一步扩大其影响力。如果慢了，现在很多领域的进入门槛并不高，很容易被后来者追赶上。

能否守住市场的优势，保持一定的发展速度至关重要。没有速度，就没有增长，速度慢了，就是倒退，那就很容易被别人超越。较快的增长速度，高质量的发展，加快市场的扩展，深耕市场的开发，建立起别人短时间内无法超越的优势，这是保持市场优势最好的办法。

"长江后浪推前浪，浮事新人换旧人。"这句诗出自宋·刘斧的《青琐高议》，比喻事物的不断前进。多指新人新事代替旧人旧事。"后浪推前浪，一代比一代强，这是事物的发展趋势。作为前浪者，除了敞开胸怀迎候后浪之外，还要延续前浪的威力，发挥前浪的先发优势，争取前浪有所作为，让后浪追随前浪，形成前浪与后浪共舞的繁荣局面。

2021年12月9日

无法轻松

作为一个企业家，特别是规模较大的企业领导人，在激烈的市场竞争中，每天都要面临很多新情况、新问题，要面临许多新的挑战，突发的情况很多，事事面临考验，处处面临挑战。有喜，也有愁，几乎无法轻松一刻，每天都处在临战状态，随时都要做出快速反应。

无法轻松，这是由企业家所面临环境决定的。我们面临的市场激烈竞争的环境，企业要想生存下来，必须要有竞争力，有市场的信誉与份额，否则便无法生存。而要做到这一点，就必须要未雨绸缪，提前布局，同时对出现的突发情况快速做出反应。

无法轻松，这是由企业家的责任所决定的。有责任的企业家，都有一种强烈的忧患意识，这种忧患意识使其思想神经始终紧绷，始终保持高度的"临战"状态，思想与注意力对市场始终高度关注，在任何时候都无法彻底放松。

无法轻松，这就是真实的生活。只要在岗一天，就是责任一天，就是忙碌一天，就是战斗一天。这种有压力的生活成为我们的真实写照。

"与天奋斗，其乐无穷；与地奋斗，其乐无穷；与人奋斗，其乐无穷"的精神，始终鼓舞着我们，紧张的节奏，更增添生活的豪情；激烈的竞争，使我们锻炼得无比坚强；强大的团队，让我们感到有战无不胜的力量；事业的成功，鼓舞着我们更快更好地前进。

无法轻松，一直伴随着我们。从小到大，从弱到强，从默默无闻变成响亮的品牌，正是这种压力，使我们更加充满斗志；正是这种压力，使我们的生活更有情趣；正是这种压力，使我们的潜能得到更加充分的释放；正是这种压力，使我们的生命更有意义；正是这种压力，让我们的生命怒放着蓬勃的青春。

2021年12月9日

管丨理丨随丨笔 ❼

合肥的情结

今天，我们在合肥成立了院第一个功能区——合肥大区，这是院地区战略理论实践的丰富与补充，是在"十四五"新时期发展的新探索。今天，位于经开区的合肥决策大厦7楼，充满喜庆的欢乐气氛，大家都以喜悦的心情参加这个典礼，从一个小分院，到一个大区的成立，可谓十年磨一剑。

10年前，院决定成立合肥分院，并决定在合肥经开区的决策大厦购置三层（4、5、7三层）作为合肥分院的办公用房。但合肥分院是个新分院，离成熟而又有实力的分院相距较远，力量很弱，在发展中遗留问题比较多。那时合肥的产业还没有像现在这样蓬勃，项目也不多，因此合肥分院的发展很缓慢，再加上房产业主出跑，产权证也迟迟办不下来，我们在合肥的发展几乎陷入停顿。

后来通过合肥项目的逐步承揽，我们开始打开合肥市场，2016年5月，院派凯军同志任合肥分院院长，他用了不太长的时间，把遗留问题处理干净，5年多来，他带领大家，把合肥分院变成了一个欣欣向荣的分院。与此同时，我们追随合肥产业发展的步伐，赶上了第二拨浪潮，我们在合肥的影响力开始加大。同时，在院法务

这是作者在庆祝十一科技合肥大区的成立大会上的讲话

的持续努力下，终于全部办下决策大厦原有的三层办公层（3、4、7层）的产权证，而且还增加了第14层，这4层的办公楼层，就是十一科技在合肥一个宽敞的、永久的、温馨的家，装饰一新的合肥分院，是十一科技蓬勃而有活力的一个象征。

合肥，是城市转型的先锋，是产业发展的高地，是资本与产业融合的典范，是高科技发展的领跑者。我们这5年，与合肥产业发展同步，我们快步追赶，努力把失去的机会找回来，合肥成了我们的战略要地。因为项目，我最近5年频繁往返于合肥与成都之间，我们用真诚、专业、全力服务推动合肥的高科技，我们深爱着合肥，深爱着合肥的高科技产业，我们与这座城市结下了不解之缘。

今天，我们成立合肥大区，同时决定凯军转战嘉兴，接受新的任命，李力同志受命担任合肥大区总裁兼合肥分院董事长，与郭元同志等一起担负起发展合肥大区的光荣使命。

10年来，院对合肥地区的发展做出一次又一次的调整，作为主要决策者，我一直在寻找更好的时机，在大家的持续努力下，我们终于迎来今天的合肥大区成立的美好时光。回想10年时光，心情难以平静，这10年，我们成功与挫折同在，欢乐与忧伤同存，但我们一直在曲折中实现快步前进，一直没有放弃在合肥的努力，一直对合肥的发展满怀胜利的信心。

逝去的岁月是难忘的，而新的未来在向我们招手，充满更多的希望，看着集结在安徽与合肥的十一科技庞大团队，他们的脸上充满着坚定，我们对安徽与合肥的美好明天充满信心。

2021年12月12日

关键是把自己的事做好

当前，国内外形势非常复杂，国际政治的动荡与疫情防控形势的严峻，使得我们的生存环境变得不那么太平。

关键，还是要做好自己的事。要不断延伸产业链，提升其价值。以苹果公司为例，苹果公司的股价在12月7日创纪录地突破170美元，市值达到了2.8万亿美元，苹果公司即将成为世界上第一家市值达3万亿美元的公司。苹果公司在2018年成为首家市值达到万亿的公司，在2020年又达到2万亿美元的市值。苹果公司立足手机，不断延伸到人工智能等更加广泛的产业链，不断提升其价值，受到市场的热烈追捧。

关键，还是要练好自己的内功。练好内功，就是要突出优势，补上短板。在突出优势的同时，补上短板就显得非常重要了，有时候，短板的存在，往往会制约了发展，制约了优势的发挥。

关键，还是要有新的思路。没有新的思路，没有宽广的视野，没有大的格局，没有博大的心胸，没有改革的巨大魄力，没有创新的重大举措，要做好自己的事也难。靠着传统的一套做法，无法适应新的时代，只有以变应变，以新制新，推陈出新，才能在变化的时代里与时俱进。

2021年12月13日

三星在美投170亿美元建芯片厂

2021年11月30日《中国电子报》报道，11月24日，三星宣布，将在美国德克萨斯州泰勒市新建一座芯片工厂。该工厂耗资约170亿美元，将成为三星在美国有史以来最大的投资，也使得三星在美国的总投资超过470亿美元。该工厂将于2022年动工，预计在2024年开始运营。将采用5nm工艺生产基于先进工艺技术的产品，用于移动、5G、高性能计算机（HPC）和人工智能（AL）等领域。

报道说，德克萨斯州州长格雷格·阿博特（GregAbbott）在宣布该计划的新闻发布会上表示，该项目是德克萨斯州史上最大的外资直接投资项目，将创造2000多个就业机会。阿博特说："这个设施的影响力远远超出了德克萨斯州的边界，它将影响整个世界。"作为投资的回报，德克萨斯州地方政府为三星提供了许多激励措施，包括在10年内免除90%的财产税等。

报道说，相关专家表示，台积电、三星在美陆续建厂体现出美国对于半导体生产集中在亚洲抱有危机感。全球能量产最尖端5nm制程芯片的只有台积电和三星，两家陆续在美建厂的行动显示出美国要重新占据世界半导体行业的技术制高点。

报道说，三星在美国投资扩产，一方面可以获得美国本土芯片设计企业庞大的市场，提升三星在全球市场的占比和经济收益。另一方面，三星可以借助美国拥有全球最多的科技人才储备和具备全球领先的科技水平的优势，来提升自身芯片代工技术的实力，从而在芯片代工领域缩小与台积电在技术和市场方面的差距。

报道说，三星和台积电各具优势。三星是一家 IDM 企业，具有存储芯片和逻辑芯片的代工能力，其存储芯片领域在全球具有技术和市场领先的优势。而台积电拥有世界最先进的逻辑芯片制程工艺，并且在 5nm 制程产品率、质量方面保持全球领先。此外，台积电在全球晶圆代工领域市场占比第一，2020 年约占全球晶圆代工市场的 54%。

2021 年 12 月 14 日

液晶产业：激进还是固守

2021年12月7日《中国电子报》发表该报记者卢梦琪的文章《液晶产业：激进还是固守》。

文章说，当下，中国面板厂已在大尺寸液晶领域建立绝对的规模、效率和产品优势。近日，TCL华星和信利又开始纷纷新建中小尺寸LTPS LCD生产线，进一步拓展我国在中小尺寸液晶面板的优势，显示出大陆面板厂商对于液晶产业的信心。

然而长远看，面对韩国厂商在OLED技术路线上的激进式布局，中国液晶产业并非高枕无忧，LAD产业会否重现当年液晶一夜之间取代CRT的颠覆式变革？

文章说，液晶面板市场继续扩容。近日，TCL科技总投资150亿元，在武汉扩建一条月加工玻璃面板4.5万片的第6代LTPS LCD显示面板生产线（t5），应用VR、触摸屏、Mini LED背光显示和LTPO等技术，主要生产和销售中小尺寸高附加值IT显示屏、车载显示器、VR显示面板。TCL科技在公告中表示，本次扩建可与投建的氧化物半导体显示生产线（t9）在产品和技术上形成互补，有助于进一步完善中小尺寸产线布局。

文章说，前不久，信利集团投资200亿建设第六代TFT—LCD生产线项目，支持超高分辨率的LTPS产线，针对高端车载显示市场、工业医疗及物联网、手机、平板、笔记本电脑等中小尺寸显示屏市场需求，意在差异化布局产品，寻求发展突破点。

文章说，供需两方面临 OLED 挑战。液晶面板正在进行产能增加、技术升级的创新发展，也面临 OLED 面板的"挤压"。大尺寸方面，Omdia 调研数据显示，2021 年第三季度大尺寸 TFT LCD 出货量达 2.37 亿片和 5680 万平方米，季度环比持平，年度同比下降。而大尺寸 OLED 的出货量同比与环比都有两位数的增长，且中国面板厂也在不断提高大尺寸 OLED 面板出货量，例如惠科在今年二季度开始推进 8.6 代线生产。

文章说，在电视终端方面，由 LGD 独家供应的 OLED 电视面板，随着广州 OLED 产能的增加，OLED 电视面板今年上半年的渗透率增至 2.6%，出货量达 355.6 万片。三星显示近日已量产 QD—OLED 面板，并计划生产超过 1000 万片。LGD 计划生产超过 1000 万片 WOLED 电视面板，并开始在广州工厂生产 83 英寸和 48 英寸 OLED 电视面板。

文章说，随着 5G 智能手机新机型的发布，OLED 的需求获得增长，包括 LTPS 和 a—Si 在内的 TFT LCD 总出货量已经饱和。

2021 年 12 月 14 日

如何实现"电子更强，新能源更快"

2022年我们的目标是"电子更强，新能源更快"，但如何做到电子更强呢？我们必须发扬"市场的狼性、服务的诚信、做人的善性"，但同时也必须更加专业，更能快速而有效地整合全院的资源，这样伸出的五指才会更有力量。即将成立的院第一事业部将由上海分院牵头；即将成立的院第二事业部将由工总一院牵头，联合工总二院、苏州分院、华东分院、爱德公司、总包公司共同组建。

我们必须实现电子更强，因为电子是我们的基础，是我们的命根子，电子行业具有技术门槛高、影响力大、在国民经济中的战略地位高等特点，我们不会也决不能因为新能源的快速发展而放弃电子，任何减弱电子的力量都是错误的，恰恰相反，我们必须在电子领域全力反击、全力拼抢，全面收复失地，永远保住电子龙头的地位，保持与提升我们的优势，对此，我们决不能有任何的动摇。

新的事业部与新的功能区一样，是十一科技战略调整的两个十分重要的方面，是实现市场目标的重要两翼。这些新增的事业部与功能区，将填补我们现有力量分散的不足，使十一科技的优势得到更好地集中，这是我们在新一年的发展方向。为了加快对总部市场的反应速度，与新增的功能区一样，新成立的这两个事业部，都将由总院主要领导直接指挥。

总院在战略方面将向这两个部门做出强有力的支持与倾斜，对新开拓的新领域、新项目将实行重奖机制。

　　全院都要实行一盘棋的思想，院所有的专家与技术力量、所有的干部、所有的分院与部门，都要支持这两个事业部，都要支持新设立的功能区，共同为了实现十一科技更加强大的目标而奋斗。

　　关于新能源的发展，院正在全力准备，开好在 2022 年 1 月上旬拟在南京召开的 2022 年全院新能源大会，吹响向新能源新进军的号角，鉴于院 2021 年新能源发展的蓬勃态势，全院都对这个会议充满着期待与希望。

　　我们在时机成熟时，还将成立若干个新的功能区，筹备方案正在拟议中。

　　一批新功能区与两个重要事业部的成立，标志着院发展战略的新调整，是补链、补弱、增强的重大举措，是适应新发展形势的重大变革，是实现"电子更强、新能源更快"战略目标的有效保证。

　　改革永无止境，变革与时俱进，根据市场的环境与竞争的新态势，及时调整，实现"出手更快、出手更准、出手更狠、服务更好"。突出市场的狼性，恢复市场的雄风，坚持技术的创新，保持服务的诚心，我们就一定能取得更大的胜利。

2021 年 12 月 15 日

高科技产业整合要放手去干

2021年12月16日《环球时报》发表了信息消费联盟理事长项立刚的文章,题目是《高科技产业整合要放手去干》。

文章说,因为无法获得美国外国投资委员会(CFIUS)的同意,韩国企业美格纳近日宣布,同中国企业的收购合同正式终止。这是美国对华发动科技战争渗透到高科技产业各个方面的体现。考虑到当前美国国内对华强硬氛围,相信未来的几年,世界高科技领域的角力绝不会缓解,对于中国而言,需加强产业的整合能力,应对科技战的挑战。

文章说,很长一段时间以来,中国的高科技产业发展,在绝大多数情况下,是按市场经济规律走,企业战略方向、产业方向、技术选择、在产业链中的位置,基本上都由市场主导,企业根据自身的利益、能力去做。通过几十年发展,相当一部分企业的确积累了一定的基础,尤其是在信息通信技术上,中国企业战胜了对手,成为行业佼佼者。其背景是全球化得到世界各国广泛认同,中国企业只需要选择最适合自己的切入点,进行产业布局即可。

文章说,虽然我国已经是全球产业链最为完整的国家,但是长期以来,对未来战略的研究不够,基础与核心研究及定位不够,这就造成了在应用产品中中国企业占据了较大优势,但是在基础产业中仍然存在不少短板，有些重要基础领域事实上基本处于自生自灭的状态。最大的软肋在芯片制造领域，除了有少量资金供给科研部门做些研发，在产业规划、资源整合、发展推动方面做得很少，当美国企图扼住我们的脖子时，轻易就找到了芯片制造。

文章说，面对压力，我们不能寄希望于对手放松。事实上，只要我们有软肋，就可能被卡脖子，唯一能做的是增强产业的整合能力，从战略上形成布局，减少短板与软肋，才能让对手无法找到软肋，卡不住，不敢卡。

文章说，政府需要在产业布局中扮演重要角色，对于基础、核心、前瞻领域有更多的研究和定位，也需要政府的支撑机构发挥协调、资源整合和管理作用，在资金、资源、政策上对前瞻性、基础性领域进行支持，帮助基础产业发展，保证战略资源安全。

文章说，去年10月，美国电信行业解决方案联盟牵头组建了"下一个G联盟"。目前全球已有高通、苹果、三星、诺基亚等几十家信息通信行业巨头加入。从中可以看出美国在整合资源方面的意识和能力。在这样的形势下，我们也需要提高自己的认识水平和战略眼光，整合上下游其他国家和地区的科技力量，尽可能与其他经济体和企业加强合作，在有些领域形成联盟。产业的整合到了放手去干的时候了，这应该成为高科技产业的共识。

2021年12月16日

战略空白

战略空白，是指现有的战略不能涵盖的地方或部位，由于战略上出现空白，因此就可能成为市场的盲点、弱点、痛点与空白点，成为被对手打击的致命点。

战略空白之所以存在，是由多方面的原因造成的一是因为现有战略的局限性。任何战略都有其适应性，也都有其局限性，没有万能的战略。关键是要扬战略之长，避战略之短，将战略的优势得到充分发挥，让战略的短处的负面影响减少到最少。二是因为对手的战略在某方面的优越性。战略的优劣，都是相比较而存在的，我们在战略上的弱处，很可能就是对手的强处，因此我们需要向对手学习，取长补短。三是因为市场环境在发生着变化，与时俱进的调整与补充战略，成为适应市场变化的一个必然选择。

战略空白造成的危害：一是在市场上形成劣势。由于战略的缺位，使我们在这个领域迷失了前进方向，无法快速而有效地整合资源，在市场上无法形成有利的地位，让对手拉开了差距，久而久之，也就失去了行业的领导地位。二是在市场的竞争力下降。竞争力，是由各方因素决定的，战略方向决定核心领域竞争力的强弱，缺乏明确的战略方向，竞争力的减弱是不言而喻的。

采取的对策与措施：一是尽快进行新的战略指引，填补战略空白，明确发展方向与新的行动纲领；二是加快推进战略互补，充实、丰富与完善战略体系，让战略体系更加完备；三是加快资源的整合。要加大资源的整合力度，加大产业链的强链、补链与延伸，有效增强产业链的竞争能力。

2021年12月16日

坚持创造性转化、创新性发展

我们都有个习惯，把能否获奖作为评判作品与成果的主要标准。诚然，获奖是好事，把获奖作为一个标准是可以的，但作为主要标准，则会走偏，实际上这个导向一直在起作用，一直让科技创造与文艺创作之路走偏。

作家，要以作品来说话。作品要有时代特征，要反映重大题材，反映时代与人民的呼声，要展现中华民族的新气象，要成为鼓舞人民前进的号角。

作家，要以艺术来说话。一部重大获奖作品，如果不为人知，也不值得去看第二遍（大部分第一遍都没有耐心去看），这样的作品即使获大奖，也没有任何意义，很快被人们所遗忘，被历史所抛弃。艺术，仅自我欣赏是没有价值的。只有人们反复研读的作品，才有传世的永久价值。《红楼梦》之所以成为永恒经典，是因为著作的总体构思，著作中的每一段、每一句、每一字都是经典，都是经过反复雕琢的，都是曹雪芹生活的真实写照，都是他心血的结晶，经典永流传。

以获奖为导向的文学艺术作品，经不起时代的检验，五六十年代的经典电影，也没有多少获奖的，但却永留在人们的心间，至今人们仍然非常愿意重温，而现在越来越多的影视作品，看的人很少，就是看过以后也决不想再看第二遍，能成为精品而留下的，少之又少。

同样，以获奖为导向的科技创作也不可取。至今，我们之所以被别人"卡脖子"，关键还是在重大领域缺乏前瞻性的布局，一大批原本充满活力的科研队伍，被市场化与获奖的导向所左右，拿不出特别关键的成果，一旦小有成果，就马上市场化，在机构的大肆炒作下，赚个盆钵体满后，就算万事大吉。被"卡脖子"的，还是照样，因为没有大战略与大合作是无法解决这一问题。随着美国为首的西方联盟打压的加剧，相当长的一个时期内，无法改变这一状况，在"卡脖子"领域，差距有进一步拉大的可能。

因此，无论是文学艺术界，还是科技界，都要以创新为导向，都要立足时代、立足国内、面向国际，创造出能经得起历史检验的作品与成果，能在国际上有话语权，为中华民族的更加强大而奋斗。

在中国文联十一大、中国作协十大开幕式上，习近平总书记发表重要讲话，指出："广大文艺工作者要增强文化自觉、坚定文化自信，以强烈的历史主动精神，积极投身社会主义文化强国建设，坚持为人民服务、为社会主义服务方向，坚持百花齐放、百家争鸣方针，坚持创造性转化、创新性发展，聚焦举旗帜、聚民心、育新人、兴文化、展形象的使命任务，在培根铸魂上展现新担当，在守正创新上实现新作为，在明德修身上焕发新风貌，用自强不息、厚德载物的文化创造，展示中国文艺新气象，铸就中华文化新辉煌，为实现第二个百年奋斗目标、实现中华民族伟大复兴的中国梦提供强大的价值引导力、文化凝聚力、精神推动力。"我们要按照习近平总书记提出的"坚持创造性转化、创新性发展",把文学艺术与科技创造的事做好!

2021 年 12 月 18 日

关注现金流

做好年终总结，要解决突出问题，现在的突出问题一是市场，二是管理。

市场问题，我不断在讲，院也采取了一系列新措施，总体上，只要我们努力，我们是乐观的。

而管理问题，同样突出，过去我们只重视合同、营收与利润，但忽视了现金流这个重要指标。

现在，我们要把现金流纳入干部年终考核项目经理的考核上。不说全部，为数不少项目经理只知道做项目，不知道回款。原本一个很好的项目，由于款项不能及时回笼，长时间挂账，由好项目成为问题项目。好项目，在管理缺位的情况下，都会变成问题项目。

现金流，是企业生存的血脉，是企业生存所必需的，如果缺乏必要的现金流，企业则无法生存。而充足的正现金流，是一个企业健康的标志。

现金流的管理，要纳入考核指标，要作为对干部与项目经理的重要考核内容。过去过多地强调营收与利润，而现在则必须增加现金流的考核。因为随着规模的快速发展，项目越来越多，如果项目的现金流问题逐步累积，到一定时候就会变得突出，负债就会很高。因此要防患于未然，将现金流管理纳入目标管理。

现金流的管理，要提前策划。在年初，就要提出目标，把现金流的控制目标分解到每个部门、每个项目，做到目标明确，责任落实，措施保证。提前策划，要有预案，不至于被动，有了准备

2021年12月21日

空谈误事

　　空谈误事，实干兴邦，形式主义害人。新的一年到了，总结工作必须不搞花架子，不提空口号，多务实。既要肯定成绩，又要多找差距，要坚持对的，改正错的，要实事求是，多找自己与对手的差距，这样才能真正有进步。

　　发展，关键还是要真抓实干，把发展的干劲落实到实际行动，把美好的理想化作前行的动力。没有用的话不要说，临门一脚乏力，到最后一切都是落空。

　　纸上谈兵，形式主义、官僚主义，害死人。《史记》记载，战国时期，赵国名将马服君赵奢之子赵括，年轻时就精通兵法，纸上谈兵，句句是道，谈起兵事来他父亲也难不倒他。后来接为赵将，在长平战争中，只知道照般兵书，不知道变通，十万大军结果被秦军毁灭，赵括千古罪人。

　　不找那些不靠谱的理由，也不必高谈阔论，要实事求是看待别人，实事求是看待自己，实事求是规划未来，这是我们应有的态度。

　　毕竟，数据是干出来的，指标是努力才完成的，来不得半点虚假。只有空洞的口号不能解决问题，而华丽的辞藻也无济于事，只有奋发的实干精神，才能在实干中创造更加美好的明天。

2021 年 12 月 25 日

新闻的导向

新闻是重要的，不看不行，不看就不知道世界发生了些什么，不知道周围在发生了什么。但又不太想看，有时候非常不想看，因为新闻被一些无聊的报道充斥，让人生厌，比如前一段汪小菲与大S离婚的消息一直占据着新闻的主要内容，而后台湾艺人王力宏的负面新闻又占据着新闻的主要内容，现在又是原创直播薇娅偷税漏税13.41亿被罚的报道成为新闻主篇，这些新闻报道当然是必要的，因为报道涉及的是社会关注的公众人物，但如此大篇幅的、持续的报道，确实反映了新闻的无聊与导向的不负责。其实，这些艺人是非常普通的人，对社会也没有实质性的贡献，不值得用这么多的新闻版面去如此关注，过多的报道毫无意义、毫无价值，起到了很不好的负面作用，而今天这么重要的日子，新闻竟然哑语，让人百思不得其解。

新闻，是舆论的导向，是社会的风向标，是正能量的鼓点，应当多一些责任、多一些担当、多一些民心、要心系社会，心系人民，而切切不能如此引导。

新闻，是正义的卫士，前进的旗帜，精神的力量，应当多一些正义、多一些正确引导、多一些为人民的呐喊、多一些正义的呼唤，而切切不能如此放任自流。

2021年12月26日

分能散，集能合

在我们的管理体制中，分散与集中始终是要处理好的两个重要关系，要做到分能散，集能合，随时适应快速变化的市场。

分散是必要的。没有地区战略，没有市场的广泛布点，无法触及到市场的每一个角落，市场就会存在很多死角，会出现市场的盲点，从而在市场竞争中处于不利的状态。分散，具有灵活的优势，适合于中小项目，中小项目是项目的主体，保持中小目的优势是基础。

集中也是必需的。集中，适合于重大项目。在重大项目上，必须集中资源，才能保持足够的优势，否则，无法在大项目竞争中取胜，就有不被对手各个击破的可能。集中，可以更好地保持专业与集中，是保证竞争优势的关键。

分散与集中，是适应市场变化的两个拳头。在市场竞争中，要做到分能散，集能合。

伸出五指，可以触摸到更多东西，触角可以更加深入市场更多部位；而收起五指，握紧拳头，则出手会更加有力，打击更加有效。

分能散，充分保持市场的灵活性，是生存的必需，也是持续发展的基础。通过分散的地区战略优势，渗透到市场的每一个角落。

集能合，以事业部的方式跨区、跨部门整合资源，突出发挥专业化与集中的优势，充分保持强大的市场竞争力，保持在重大项目上的竞争力，这是保持影响力与巩固市场地位的必需。

以设功能区与事业部制的方式，作为现有行政区域的补充，将使地区战略臻于完美，从而在市场竞争中处于有利的地位，开创新的更好局面。

2021年12月26日

融合，带来新的希望

一年又过去了，回顾与环视一下发展的过程，得出一个结论，凡融合好的，发展就好；凡深度融合的，发展就会快；凡全面融合的，发展就会出现飞跃。

这个经验，被主力军之一的爱德与总包的发展实践证明。爱德与总包作为总部区的两大主力，也是全院的重要先锋，与十一科技主业、与十一科技总院战略与项目深度融合，在2021年实现了跨越式发展，取得了令人鼓舞的进步，迈上了一个很高的台阶。这个进步出乎我们的意料，又在我们的情理之中。

这个经验，被一些中小分院的发展实践所证明。今年昆山分院、新疆分院以及与我们有解不脱情缘的爱迪公司，都在融合中实现了大跨越，昂首迈入新台阶，并为明年发展打下坚实的基础，对明年的增长充满信心。

落后，一下子进步了。落后，不是固有的，先进，也不是先天的，一切都是人为的，一切都是可改变的。关键要加快融合的速度，要充分利用好品牌，充分利用好优势，先进的带动落后的，强大的带动弱小的。

梦想，一下子变真了。一些中小分院长期缓慢进步，或者原地踏步，无法实现快速发展的梦想，其关键是没有真正融合到这个强大的集体中，一旦融合进去，就会迸发出无穷的创造力，就会极大地增强发展信心，就会大步迈上转型新生之路。

要实现全方位的融合，在融合中激发活力，在融合中激发新的动能，在融合中形成新的优势。

先融合，再发展，在融合中做强，在融合中做大；深度融合，在融合中形成新的优势，在融合中开辟新的天地，在融合中实现新的梦想。

2021 年 12 月 31 日

一片冰心在玉壶
——代新年祝福

唐代诗人王昌龄在《芙蓉楼送辛渐》里写道:"寒雨连江夜入吴,平明送客楚山孤。洛阳亲友如相问,一片冰心在玉壶。"

新年到了,我也是这样的心情。

一片丹心向阳开。庆祝建党 100 周年的活动,成为 2021 年最重要的系列活动,通过多次全国重大诗歌与文艺演出,尽情讴歌了伟大的党,讴歌了毛主席领导我们走过的道路,而我们自己也在这些活动中得到一次心灵的洗礼,找到了再出发的动力,鼓舞了团队的斗志,振作了精神,而总共 800 多万人次的收视率,一再刷新历史纪录,在国内外引起强烈反响与共鸣。虽然,我们只是一个普通企业,但普通企业也能大有作为,如此巨大的传播力,如果不是一片丹心向阳开,是不可能做到这点的。

一片忠诚为客户。客户是我们的上帝,合同是我们的承诺。十一科技 5000 多名干部员工辛勤转战在全国各地,服务在每一个现场,驻守在每一个工地、坚守在每一个现场、热爱着每一个岗位,为祖国的高科技事业与新能源事业拼搏奉献,为客户忠诚服务,受到各方的一致好评。

一片赤诚为员工。根据习近平总书记与党中央的号召,在回报社会与股东前提下，要让大家共同富裕起来。院采取一系列措施，确保员工收入与院发展同步增长，确保员工的幸福感与企业发展同步实现，确保党的政策落实到每一个部门，让党的光辉照耀每一个角落。如今的十一科技，阳光普照，品牌日益强大，发展迅速，现代化的办公环境让人充满自豪，幸福的笑容荡漾在人们的脸上，人们充满着自豪感与幸福感，我们正处在历史最好的时期。

一片爱心为扶贫。我们继续在河北阜平、河南巩义等地，利用光伏扶贫，践行我们一系列庄严的承诺，受到老区人民的高度评价。在新的未来，我们力争为老区人民做更多的事，为杜甫故里增添更多的光辉。

一片冰心在玉壶。岁月易逝，时光难留，流去的是黄金岁月，带不走的是美好的记忆，这些美好的聚会，这些快乐的回忆，将永远留在我们的脑海里。岁月飞逝，人生易老，唯独一颗赤诚的心永驻，唯独一股热情的劲永在，唯独美好的梦想永存。

看历史潮流滚滚向前，不可阻挡，任凭风浪起，做好自家事。让青春闪耀，让生命燃烧，让红日高照，让凯歌高唱，让诗歌永响，让经典永流传，让发展永续，一片丹心向阳开。

2022年1月1日

管｜理｜随｜笔 ❼

新年要有新气象

　　新年要有新气象，这个新，体现在战略的新。战略有继承性与稳定性，不能常变，但面对快速变化的市场，战略必须做出相应的调整，以适应更加多变的市场，适应更加丰富的外部世界。调整后的战略，使战略体系更加丰富、更具有生命力、更有效，也更符合实际情况，从而可以使战略发挥更大的作用。

　　新年要有新气象，这个新，体现在速度的快。新年来了，万物更新，气象万千，要做的事很多，必须雷厉风行，必须马上办、赶快办，不能拖，一拖就会错过机会，一拖就会问题成堆，一拖就会影响发展。新局面的开拓，要加快；新突破的形成，要加快；遗留问题的处理，要加快；转型的速度，要加快。一句话，只有加快，才能占得市场的先机。稳，是必要的，但太慢的速度、太慢的节奏，恐怕是稳不住的。

　　新年要有新气象，这个新，体现在观念的新。要学会算账，要懂得共赢。有些人不会算账，只知道从自己角度算账，忘记了算账的前提，更忘记了要算大账，只算小账，就会把自己算成死路，就会把机会算丢。格局小的人，成不了大事；观念太旧，只有坏事。要成事，格局要新；要成事，格局要大。

　　新年要有新气象，这个新，体现在拼劲的足。新年里，拼劲要足，拼出新动能，拼出新局面，拼出新天地。通过拼抢，使一切不可能成为可能；通过拼抢，拼出新年新气象。

新年要有新气象，这个新，体现在实。指标要实，干劲要实，落实要实，增长要实，一句话，空谈误事，实干成事。少说空话，不说废话，不谈那些没有用的事，不说那些没有用的话，按照目标，脚踏实地地做事，奋发努力地干事，把梦想变真，把蓝图实现。

2022年1月5日

亏损，也是一种市场机会

开辟新的疆土，发展新的领域，打开新的市场，市场的进入成本很高，要付出大的代价。同时因为是新领域，也无法有很好的价位，初期阶段，亏损或许是难免的。

亏损，也是一种机会，这是你进入新领域、新项目必须付出的代价。如果你不愿支付初次进入新领域的代价，不愿意做这笔亏本的生意，你就无法进入这些新领域。拒绝进入这些领域，以后很可能你连亏损的机会都没有，要想再进入，付出的代价会更大，还可能面临灭顶之灾——面临生存的困难，因为你丧失了一次转型的极好机会，丧失了进入新领域的极好机会，当你认识到这个问题时，一切已经晚了，以后连亏损的机会都无人给你了。这绝不是危言耸听，而且都是活生生的现实，是市场的严酷。

亏损，也是一种机会，这是必须要交的学费。学费，是必须要交的，不交学费，无法取得真经，无法尽情踏上一条正确的道路，无法迈进新的赛道，就会在黑暗中摸索更长的时间，就会被边缘化，因而会付出更大的代价。

亏损，也是一种机会，进入，是最关键的。只有拿到了项目，只有进入了市场，只有赢得了客户，你的生存才有可能，你的事业才会发展。如果进入不了市场，失去了客户，企业就无法生存，只有面临倒闭，甚至连亏损的机会都没有了。

　　亏损，也是一种机会，而且对亏损，也有着不同的理解与计算。一个项目进行核算，不仅要进行财务收支核算，更多的要看这个项目带来的市场机会、带来的巨大影响力、带来的市场格局变化等，如果站到这样的高度，个别项目上的亏损又何足挂齿呢？从这个高度看，亏损真是一个机会。即使就项目本身核算，也要计入通过项目积累的经验、人才的培养、业绩的增加等带来的影响与效益，如果这样算，亏也是赚，而且很可能是大赚。

　　其实，最怕的是没有亏损的机会。最怕的是没有机会进入新领域，那样的话，就会发生生存危机、发展危机。因此，没有机会或者失去机会，是最大的危机，是最大的亏损，是最悲的结局。

2022 年 1 月 6 日

伟人长睡
——周总理逝世 46 周年纪念专文

伟人长睡

巨星中天坠

哀乐低回

灵车百里众相随

只见灵车去

不见总理归。

……

这是当年众多哀悼周总理逝世的一首诗,我至今仍然能清楚地记住这首诗的开头。

敬爱的周总理已经离开我们 46 周年了,全国人民无时不想,无时不念。

想念周总理留学的青春风采,想念周总理在黄埔军校的勃勃英姿,想念周总理南昌起义的凛然正气,想念周总理在苏区的艰难岁月,想念周总理在长征路上为确立毛主席领导地位做出的努力,想念周总理在解决西安事变表现出的卓越智慧,想念周总理在南京、重庆敌占区对敌斗争的艰难岁月,想念周总理在延安的光辉岁月,想念周总理在"七大"演讲时的风采,想念周总理跟随毛主席在转战陕北途中的日子,想念周总理在大决战中协助毛主席英明指挥取得的伟大胜利,想念周总理在西柏坡的不眠之夜,想念周总理在香山为建国大业的日夜操劳,想念周总理在建国前与民主人士共商建国大计,想念周总理在开国大典上的伟岸身影。

建国后,敬爱的周总理日理万机,在毛主席的信任与支持下,承担起处理党和国家的繁重的日常事务,万隆会议立新规,反霸连五州,驱蒋复席位,中美破冰,外交屡开新局。内政外务一肩挑,谈笑诙谐,不知劳累,献毕生精力,鞠躬尽瘁,死而后已。周总理是领袖之最佳助手,毛主席最亲密战友,党之瑰宝,民族之精英,百年难寻,千年少见,乃中华之大幸,人民最爱戴,敌人最敬畏。三拜长跪,心往神追,痛记教诲,奋臂遗志遂。

2022 年 1 月 8 日

一夜之间

据新闻报道:

"2021年12月31日,韩国前总统朴槿惠被特赦,朴槿惠关押期间所撰写书籍也被出版销售,书中爆出的'惊天真相',对韩国的政治形势走向产生了不小的影响。

作为韩国史上首位女总统,朴槿惠被韩国国民寄予厚望,却因'闺蜜干政'、'收受贿赂'等罪名被罢免职务,被判处22年有期徒刑。在关押了四年零九个月后,韩国政府宣布特赦朴槿惠。

在即将获得自由之身之际,朴槿惠就赚到了出狱的'第一桶金',其新书《不是对谁都会心生思念》受到热捧,成为韩国多个书店最为畅销的书。韩媒称,四分之一的读者是60岁以上的老年男性,据海外网援引韩联社报道,朴槿惠的新书成为新年首周销量冠军。目前该书售价为13500韩元,约合人民币72元。

她将关押期间所写的书信集出版出售,虽然作者是任职期间就遭遇弹劾的前总统,但这本书信集还是受到了韩国民众的狂热追捧,预售就呈现出火爆之势,并登上了韩国教保文库每日热销榜的榜首。"

转换就是这么快,从囚犯到受人追捧的畅销作家,只需要一夜之间。朴槿惠的新书《不是对谁都会心生思念》,写的是朴槿惠原总统在狱中的体会，是其处在人生最低谷时的情感流露，作为朴槿惠这样一个有特殊背景的全球性的传奇人物，在韩国、在全球的粉丝不少，受人追捧是再正常不过了。当年，她以女儿身份跟随他父亲朴正熙总统的特殊经历与她通过公开选举当选韩国总统的经历，就是世上独一无二的传奇。至于朴槿惠当选总统后的功过是非，我们不去评论，但她对本国公民、对外国、对中国的友善态度，要好过前几任韩国总统，她曾不顾压力，多次来华访问。

转换就是这么快，任何经历都是财富。牢狱之灾，是灭顶之灾，从总统到囚犯，是从天上摔到地下，然而 4 年 9 个月的牢狱生活并不完全是负面的，也是一种无法给予的宝贵财富，是不能多得的特殊经历，这种经历将对朴槿惠今后的人生走向产生重大影响，极大地考验着她的意志，也极大丰富了她的人生经历，这种经历的情感交错将催生她必定有更多的作品问世，因为人们都想迫切知道她这几年是如何度过来的。

转换就是这么快，名人终归是名人。朴槿惠曾经是总统的女儿，自己又是总统，是政治名星，是全球名人。名人，终归是名人，无论在哪里，都会有人崇拜，有人思念，有人追捧；名人，终归是名人，无论在哪里，都有名人效应，无论怎么压制，都挡不住名人的光辉，过分打压名人，结果适得其反。

转换就是这么快，活下去就有希望。朴槿惠健康地活下来了，健康地走出监狱，赢得自由。只要活下来，过去的历史就有机会改写，未来的人生或许更加精彩，就会有机会弥补很多人生遗憾。但如果朴槿惠不能平安出来，那一切都无法弥补了，历史就会夭折，因此，只要能活下来，就有希望，一切都有改变之可能。

转换就是这么快，一切皆有可能。

能进去，也能出来，特别是在韩国这样的法制国家，一切都皆有可能。今天，被依法惩办，打入低谷；明天，依法获得自由，东山再起，在民主与法制制度下，一切皆有可能。

2022 年 1 月 8 日

中国经济承压稳增长

2021年12月20日出版的《财经》杂志2021年第26期发表记者邹碧颖的署名文章"中国经济承压稳增长"。

文章说,目前,对于中国今年的经济增速,国际组织与市场观点大多预判在8.1%左右。12月1日,经济合作与发展组织发布最新预测,今年中国GDP增长为8.1%。6日,中国社科院发布《经济蓝皮书》预计,今年中国经济增长为8.0%,与国际评级组织穆迪的预测相一致。

文章说,实际上,对于中国未来的经济增长,中国经济学界的态度也愈发谨慎。潜在经济增长率是衡量一国或地区在各种资源实现最优配置时,所能达到的最大经济增长率。2012年中国经济增速跌破8%,疫情发生后,对中国潜在经济增长率的预估从8%跌落至6%以下。

文章说,今年5月以来,中国经济已经出现下行态势。东吴证券首席经济学家任泽平在《财经》年会上指出,三季度的经济增速约为4.9%,或已跌破潜在增长率。主要原因包括房地产市场销售遇冷、金融信用政策的收紧、就业与消费的低迷,以及上游大宗商品成本上涨对下游的挤压。

文章说,具体来看今年的经济表现:"三驾马车"中,出口保持高速增长,但海运费猛涨摊薄了企业利润,而且出口未来的形势依然充满变数。而在国内,投资与消费都增长乏力。

2022 年 1 月 9 日

美日拟对华打造"当代版巴统"

2022年1月11日《参考消息》转载日本《读卖新闻》1月10日报道文章"日美拟针对中国构建新框架限制尖端技术出口"。

文章说，日美两国政府正在探讨构建限制对中国出口尖端技术的新框架，有可能与拥有相同价值观的欧洲开展合作。中国将民间技术用于提高军事能力，日美拟阻止对中国的尖端技术出口。

文章说，出口限制对象尚未确定，可能包括半导体生产设备，以及与量子密码、人工智能相关的技术。美国拜登政府此前已明确表示，将构建多边框架限制可能被用于侵犯人权的技术出口，此次欲与日本构建的是另一项框架。

文章说，国际上目前已有《瓦瑟纳尔协定》，这是一个对常规武器及相关用品和技术进行出口管控的多边框架。

文章说，西方阵营为防止技术泄露造成苏联等共产主义国家军事力量增强，1949年成立了针对共产主义国家的多边出口统筹委员会（巴黎统筹委员会）。此次建立的新框架成立为应对中国崛起的"当代版巴统"。不过，由于其成员国包括日、美、俄等40多个国家，各方利害关系不同，具体管控对象迟迟无法确定。日美拟联合少数拥有尖端技术的志同道合的国家构建新框架，尽快建成尖端技术的出口限制体系。

2022年1月11日

管理随笔 7

信仰，一起同行的亲密纽带

与志同道合者前行，与志同道合者同路，与志同道合者一起去实现梦想，这是我们选择同行者的标准，而联系同行者最紧密的纽带，就是相同的信仰。

信仰，是指人们自发对某种思想或宗教或追求的信奉敬仰。信仰，是核心价值观的核心，是核心价值观的基础，是联系不同人的紧密纽带，是凝聚人们一起奋进的动员令。

信仰，就是理想。共同的理想，才能把大家团结起来。想得到一起，才能说得到一起；说得到一起，才能干得到一起；干得到一起，才能形成合力，才能取得成功。

信仰，就是动力。有了共同的信仰，就会有一致的动力，就会形成难以战胜的合力。在前进的路上，不管遇到什么艰难险阻，都会毫不动摇，都会手拉手，都会肩并肩，都会同心协力去克服。

我们是一家人，是因为我们有着共同的信仰。有了共同的信仰，就有了共同的追求，有了共同的价值观，有了共同的利益，有了共同的爱好等，这样就把我们紧密地联系在一起。

我们是一家人，是因为我们有着共同的信仰。有了共同的信仰，就有共同的方向。一家人，一家亲，我们是大家，大家庭无限温暖，大家庭无限光明；你帮我，我帮你，我们是一家；你帮我，我帮你，力量无限大；你帮我，我帮你，共同向前进。

与志同道合者前行，与志同道合者亲密携手，为美好的梦想而奋斗，这是我们的目标。与志同道合者前行，是通向胜利的第一步，也是通向成功之路的关键一步。

22年来，我一直没有停止对共同信仰的追求，把万千队伍的团队集合在自己的身边，为实现梦想而努力；22年来，我一直把梦想揣在心里，坚定地落实到行动上，不管遇到什么困难，一直不停步，一直把亲密的战友、同志、兄弟、合作伙伴，团结在自己的周围，带领十一科技，从小到大，从弱到强，成为今天行业内的强者，一路狂奔，永不停步。

为了发展，为了更强大的未来，为了更美好的明天，我们需要树立更大的目标，需要集结更强的队伍，需要集合更多的志同道合者，在我们共同的信仰目标的感召下，更高地举起自主、合作、创新的三面大旗，争取更大的胜利。

2022年1月12日

考验，在持续中

一个规模不断增长的企业，面临着各种不同的考验，这些考验有接班人考验、持续增长的能力考验、日益增长的风险考验等，而应对风险的考验是一个紧迫的问题。

风险的考验，来自市场的不规范。市场，始终处在规范与不规范之间；市场，始终处在透明与不透明之间；市场，始终处在成熟与不成熟之间。我们要努力适应这样一个过程，时刻保持清醒的头脑，应对市场可能出现的各种复杂局面，避免被动，争取主动。

风险的考验，来自不可靠的合作伙伴。对合作伙伴要慎重选择，要选择有信誉、有实力、有诚意的合作伙伴。合作是否成功，关键在于合作伙伴的选择，一招失，步步退；一招损，步步错；一招失误，步步被动。

风险的考验，来自我们丧失的警惕。市场经济，充满着不确定性，激烈的竞争，使市场不正常现象增加，呈现百态，一切现象都有可能，到处都是陷阱，只要我们稍微放松警惕，就很有可能掉入不能自拔的泥潭。这很可能让我们陷入极大被动，在诚信记录上留下难以抹去的不良记录，让光荣的品牌受到玷污。

风险的考验，来自我们审查制度的缺陷。我们在实践中建立了风控的审查流程，但这种审查流程现在往往流于形式，无法触及被审查项目的关键要素，比如投标项目的市场来源等。

  风险的考验，来自我们管理能力的不足。随着规模的不断扩大，我们的管理能力不足，创新能力不强，无法适应因规模扩大而带来的风险管控。要不断研究新情况，解决新问题。问题不断出现，又不断地解决，从而推动发展的不断进步。

2022年1月13日

管 | 理 | 随 | 笔 ❼

上市地位不是套利工具

2022年2月13日《每日经济新闻》发表财经评论员杜恒峰的文章，题为《上市地位不是套利工具，上实发展应杜绝融资性贸易》

文章说，融资性贸易又一次成了"黑天鹅"。1月12日，上实发展公告，经公司初步自查，截至2021年年终，控股子公司上实龙创未经审计的应收类款项合计约人民币26.15亿元，其中部分业务可能涉及融资类贸易，可能存在不可回收的风险。对于市值约70亿元、2021年前三季度归属净利润约4亿元的上实发展来说，极端情况下的损失可能是致命的。

文章说，上市公司因融资性贸易而遭受巨大损失早有先例。2020年，广州浪奇5.7亿存货突然不翼而飞，事后媒体广泛报道。在这一闹剧背后，上市公司涉嫌融资性贸易。通过虚构贸易业务，企业之间相互勾连，可以从银行等金融机构获得融资，一旦资金链断裂，虚假贸易的实质被曝光，所谓的存货丢失也就成了必然。

文章说，到了2021年，与隋田力有关、涉及至少13家上市公司的专网连环大案爆发，虽然相关上市公司并未公告这与融资性贸易有关，但"10%预付款+交付后按约定分期支付"的普遍做法，被律师、会计师们普遍认为是融资性贸易的典型特征，因为这不符合正常的商业逻辑——只拿到10%的预付款，但上市公司需要付出100%的采购成本，风险暴露远超潜在收益。

文章说，本质上，融资性贸易就是高资信企业利用不同利率市场进行的跨市场的套利活动。上实发展的融资性贸易虽然内情尚不明朗，但也不会脱离这一范畴。

2022年1月13日

后记

在实践中发展管理理论
——《管理随笔》5、6、7、8出版后记

我的《管理随笔》5—8册,将由新华出版社出版,在全国发行,而《管理随笔》1—4册则已由光明日报出版社出版,出版社虽有变化,但《管理随笔》的风格并没有改变,还是反映了在管理中的随想、随得、随为,与《管理随笔》1—4册相比,这次《管理随笔》5—8册有以下一些特点:

一是记录了高位成长的实践,对新的增长理论进行了探索。这四卷本的《管理随笔》反映的是2021年1月10日到2022年4月22日期间的管理思想与管理实践,这段时间正是十一科技面临高位增长的关键时期,通过2021年的努力,我们实现了营收从2020年的136亿到2021年200亿的飞跃,高位成长面临新战略、新思想、新理论、新构架、新格局、新变化、新动能、新市场、新赛道、新方法等一系列新挑战,对这些问题的持续思考就成为发展新的引擎,这些管理随笔引领、助推与见证了新发展奇迹的产生,成为这段成长路程的珍贵记录,同时也是对新增长理论的重要探索,这些探索的意义,已经越过了行业的界限。

二是反映了在疫情困扰下对动荡世界的担忧。新冠肺炎病毒的肆虐已经进入了第三个年头，直到现在奥密克戎变异毒株传播力更强，国际上被感染人群越来越多，因此而死亡的人也在增加，国内也无法独善其身，此起彼伏，对人们正常的生活与生产影响极大。气候变暖，极端天气频出，自然灾害不断，人类的生存环境越来越恶劣。俄乌战争将世界推向第三次世界大战的边缘。我们所处的是一个动荡不安的世界，管理随笔中的不少文章与文摘，表达了对动荡与不安的世界的担忧。

三是继续将诗歌融入了管理随笔。这个期间仍然是我进行诗歌创作的活跃期，而且又是建党100周年的重大日子，不少管理随笔的文章反映了我们庆祝建党100周年的热烈场面，反映了我与彭涛老师携手合作在歌曲创作方面的一些新成就，文章记录下了这些快乐的过程与历史性的时刻。

四是对"卡脖子"的高科技进行了关注。在这些管理随笔中，部分文章与文摘涉及"卡脖子"工程，作为一个长期在这个领域里奋斗的一员，时刻关注在这些领域里的进展，关注世界最新动态，希望能够通过各方努力，缩小我们在这方面的差距，使自己的祖国更加强大。

五是对冬奥会、影视作品与人物进行了点评。这个期间正是冬奥会如火如荼进行的非常时期，冬奥会的成功举办，使全国人民受到巨大鼓舞，3亿人的冰雪运动从此找到方向，我们祝贺冬奥健儿取得的成绩。一些管理随笔文章，表达了对冬奥会的祝贺，特别是由于与阜平的特别缘份，认识了邓小岚老师，从而更加加深了对冬奥会马兰花艺术团成功的关注。还有一些文章，因一些电影观后感，有感而发。

杜甫说："文章千古事，得失寸心知。"在长期处在疫情压抑的背景下，要持续高位发展，每一步都面临严峻考验；在非常复杂的困难环境中坚持写作，对意志是个考量，不是一件容易的事，每一篇文章都是意志与心血的结晶。在高位发展，一半是海水，一半是火焰，海水随时会淹没你，火焰随时会吞并你，你来不得一丝的马虎，你必须要勇敢面对。高位发展就如同走钢丝一般，处在发展的风口浪尖上，充满挑战。

正因为充满挑战，生活才更加丰富，思想才更有激情，就更应该用笔记下这些难忘的心里路程，记下这些跳动着的思想火花，记下这些管理的心路，记下这些独特的创新，以作为经验与财富献给时代与未来。

衷心感谢尊敬的曾勇校长再一次为《管理随笔》写序，他的序是本书重要的入门向导，是本书最重要的组成部分，为本书的阅读指明了方向。

感谢新华出版社对本书出版的大力支持，感谢宓月主编、胡宏峻董事长对本书的精心总策划，感谢太太小平对本书创作的大力支持，感谢曾真、何璐对书稿的保存、编辑与策划。

赵振元
2022.7.27